Ernst von Wolzogen

Wilkie Collins

Ein biographisch-kritischer Versuch

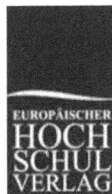

Wolzogen, Ernst von

Wilkie Collins
Ein biographisch-kritischer Versuch

ISBN: 978-3-86741-311-4

Auflage: 1
Erscheinungsjahr: 2010
Erscheinungsort: Bremen, Deutschland

Wilkie Collins

Ein biographisch-kritischer Versuch

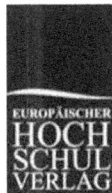

EUROPÄISCHER
HOCH
SCHUL
VERLAG

I.

Als die Aufgabe an mich herantrat, Charakterbilder aus der gegenwärtigen englischen Literatur zu schreiben, war ich keinen Augenblick darüber im Zweifel, welcher Autor nach den drei großen Toten des letzten Jahrzehntes, Dickens, Thackeray, George Eliot, am meisten Anspruch darauf habe, für einen wirklichen Charakterkopf zu gelten. Und dennoch wurde ich misstrauisch angesehen, wo immer ich als solchen *Wilkie Collins* nannte. Der Sensationsromancier, dessen zahlreiche Mord- und Gespenstergeschichten zu den abgegriffensten Bänden unserer Leihbibliotheken gehören, mit welchem unsere vornehmen Revuen und Literaturblätter sich wenig oder gar nicht beschäftigen, der sollte würdig sein, in eine Reihe mit so gewichtigen Namen, wie den eben genannten, gestellt zu werden? Meiner unbescheidenen Meinung nach – ja!

Es gibt wohl kaum einen Romanleser, welcher nicht Wilkie Collins manche in erregtester Spannung rasch verflossene Stunde verdankte; aber gerade diejenigen, welche sich auf ihren wählerischen Geschmack etwas zugutetun, werden am wenigsten geneigt sein, diesen Autor, der sie so prächtig unterhalten hat, für einen bedeutenden Künstler zu erklären. Die Ansicht, dass die unterhaltendste Lektüre gewiss eine nicht kritisch ernst zu nehmen sei, sitzt dem gebildeten Deutschen im Blut und von der Schule her schleppt er die Vorstellung in seine spätesten Jahre hinüber, dass zur höheren Literatur eine gewisse Langeweile absolut gehöre, gleich wie ein bisschen Nacktheit zur höheren Malerei. Freilich ist Langeweile etwas Subjektives: den einen interessiert, was den anderen zum Gähnen bringt. Aber gerade derjenige ehrliche Mann, welcher sich gesteht, dass der Grund der Langweiligkeit so vieler hochgepriesener Bücher mangelndes Interesse und Verständnis seinerseits sei – gerade der wird den höchsten Respekt vor der vornehmen Langeweile haben und das schlechthin Unterhaltsame am ehesten geringschätzen. Und selbst, wenn er seinen Zeitvertreiber im Grunde gerade dieser Fähigkeiten halber liebt und bewundert, wird er meinen, es müsse doch diese Fähigkeit nichts Besonderes sein, da die Leute, welche so etwas verstehen müssen, so wenig Aufhebens davon machen. Diese wiederum, also die Kritiker vom Fach, lesen entweder die verbreitetsten Unterhaltungsbücher gar nicht, weil sie anderes zu tun haben und die Gattung unbesehen für unter ihrer Würde erklären zu dürfen glauben, oder wenn sie sie lesen, so sagen sie nichts darüber und behalten ihre Meinung für sich, weil es doch am Ende einem Teil ihres Publikums ihren kritischen Ernst verdächtigen könnte, wenn sie sich mit solchen

Allotriis aufhielten. Die Franzosen besitzen das Vorrecht, die Leute bewundern zu dürfen, über welche sie sich amüsieren – und umgekehrt; und sie tun dies trotz ihrer Akademie, welche Prämien für die Langweiligkeit verteilt. Wir Deutsche amüsieren uns mit möglichst saurer Miene, d.h. wir gebildeten, kritischen Deutschen. Wie könnte es auch anders sein, da wir ja, wenn wir am fröhlichsten sind, zu singen pflegen: „Ich weiß nicht, was soll es bedeuten, dass ich so traurig bin." Der Engländer, welcher im Allgemeinen nicht so unter seiner Bildung leidet, wie wir, weiß daher auch die Gabe der Unterhaltung mehr zu schätzen, als wir, besonders da er schon durch seinen religiösen Anstand (religious propriety würde ich es englisch nennen) genötigt wird, sich mindestens einmal wöchentlich gründlich zu langweilen.

Der Grund nun, warum die Verfasser von Unterhaltungslektüre und speziell, um unserem Thema näherzukommen, von Sensationsromanen bei uns so leicht der kritischen Nichtachtung anheimfallen, ist von Haus aus wohl die ganz richtige Erkenntnis, dass es in der wahren Kunst zumeist auf das *Wie*, und erst in zweiter Linie auf das *Was* ankomme. Da aber die Unterhaltung, welche der Sensationsroman erstrebt, zumeist lediglich auf einer durch unvorhersehbare Lösungen verwickelte Intrigen fortwährend nachzuhaltenden *Spannung* des Lesers beruht, so wird natürlich die Erfindung der Handlung für diese Gattung das wichtigste Moment sein. Je aufregender und an Überraschungen reicher die Handlung eines solchen Romans ist, desto leichter wird der ungeduldige Leser über die Form hinwegsehen. Und damit legt er es auch dem Autor nahe, sich der Sorge um dieselbe zu entschlagen. Als ein weiterer Grund kommt hinzu, dass der wirklich künstlerisch von innen heraus schaffende Romandichter eben von der *Idee* ausgeht, sei dieselbe nun ein psychologisches, religiöses, soziales oder sonst welches Problem, und die Handlung hernach darum herum erfindet, wie er sie eben braucht, während der Sensationalist die Handlung als Gegebene nimmt und Charaktere und Ideen, wenn er solche für nötig hält, da hineinsetzt. Auch hieraus geht hervor, dass bei Letzterem die Handlung gar leicht den ideellen Inhalt überwuchern, die künstlerische Form unterdrücken wird. Das Vorurteil gegen die literarische Würde des Sensationsromans ist also ein durchaus verzeihliches, zumal da es durch die große Mehrzahl der Beispiele nur allzu sehr gerechtfertigt wird.

Was stellen wir uns nun eigentlich unter einem Sensationsroman vor? Ich möchte versuchen, den Inhalt des Begriffs folgendermaßen zu formulieren: der Sensationsroman ist die episch breite Erzählung eines ungewöhnlichen Ereignisses, dessen Ursachen in ein scheinbar undurchdringliches Dunkel gehüllt sind, welches der Verfasser möglichst allmählich und in möglichst unerwarteter Weise zu lösen sucht, indem er den Leser geschickt auf solche Fährten führt, ihn bald durch einen Zufall den Weg finden, bald wieder verlieren lässt, um endlich an einer vorher unbeachteten Stelle das Gewirr der Fäden seiner Intrige zu durchbrechen und auf glatter Fahrstraße rasch dem deutlichen Ziele zuzueilen.

Jeder Roman soll im Grunde *spannend* sein, d.h. er soll das Interesse des Lesers an der Lösung der angezettelten Konflikte, der aufgeworfenen Fragen wach erhalten; der Sensationsromancier geringerer Qualität ist aber zufrieden, wenn dieses Interesse bloße Neugier ist, und diese bis zur nervösen Unruhe zu steigern, gilt ihm als ein Triumph seiner Kunst. Die Lust der Menschen am Geheimnisvollen, Schauerlichen, Entsetzlichen weiß er auszunutzen, und mysteriöse Familiengeschichten, seltsame Kriminalfälle u. dgl. geben ihm reichlich Stoff zu immer neuen, kühnen Phantasiegebilden. Die Erfindungskraft ist nicht selten staunenswert – aber dennoch ist ihr Genre der Nichtachtung, welche es genießt wert, solange sie am Stofflichen kleben bleiben. Wenn man den ästhetischen Gehalt eines Romans nach dem Quantum von Poesie und Wahrheit bestimmt, welches er enthält, so wird man den Sensationsroman wohl oft solchen Gehaltes gänzlich bar erfinden, da das bloße Geschehnis niemals poetisch sein kann, sondern nur das Spiegelbild des Geschehnisses in einer Menschenseele. Wo wir in einem solchen Roman von wirklichen Menschenseelen nichts zu sehen bekommen, da, können wir getrost behaupten, ist auch für den Ästhetiker nichts zu holen.

Gesetzt nun aber, es besitze ein Schriftsteller neben einer sensationellen Erfindungskraft eine ungewöhnliche Gabe der Charakterschilderung, ein ernstes, Zweckbewusstes künstlerisches Empfinden, einen eigenartigen Stil und womöglich gar noch einen ausgezeichneten Humor – wird der nicht imstande sein, Sensationsromane zu schreiben, welche für würdige Kunstwerke gehalten zu werden verdienen?

Ganz ohne Zweifel. Seine Erfindungskraft wird ihn vielleicht am langen Verweilen bei mancherlei Schilderungen, auch psychologischen, hindern, aber kaum zum Schaden des Werkes. Er wird ein weit größeres Publikum finden, als der erfindungsarme Psychologe, und wird doch diesem Publikum, wenn es ihn nur mit offenen Augen liest, wahren künstlerischen Genuss gewähren können.

Ein solcher reich begabter, vielseitiger Schriftsteller ist vor allen anderen Wilkie Collins ganz entschieden. Er besitzt eine Erfindungskraft, welche derjenigen eines Balzac, Dumas, Sue usw. nicht nachsteht und zugleich eine ganz hervorragende Gabe der Charakterschilderung, welche nicht selten in die verstecktesten Winkel der Seele eindringt, um die Beweggründe der Handlungen zutage zu fördern. Er versteht es, wie wenige, den Leser zu unterhalten, aber fast überall verbindet er einen höheren Zweck damit; meistens den der Aufdeckung eines schreienden Missstandes in der öffentlichen Moral oder in den Gesetzen seines Landes, der Bekämpfung eines landläufigen gefährlichen Vorurteils oder etwas dergleichen. Und er ist endlich ein Künstler, welcher die Form durchaus beherrscht und sie fast immer stilvoll dem Gegenstand anzupassen weiß, und welcher über einen Humor gebietet, der oft auch in seine schaurigsten Nachtstücke freundliche Streiflichter fallen lässt. – Und trotz alledem wirft die Oberflächlichkeit kritischer Gleichmacher ihn nicht selten in einen Topf mit den gewöhnlichsten Mordgeschichtenschreibern.

Collins hat zwar mehrere Sensationsromane geschrieben, aber die Mehrzahl seiner Bücher sind ebenso wohl Tendenz- und Charakterromane zu nennen, und von jenen wirklichen Sensationsromanen sind einige so gut, dass er schon um ihretwillen der ernstesten Würdigung wert wäre.

Wirkliche Sensationsromane sind nämlich nur, nach der oben gegebenen Definition: *The Dead Secret* (Ein tiefes Geheimnis), *The Woman in White* (Die Frau in Weiß), *The Moonstone* (Der Mondstein), *No Name* (Namenlos*), The Law & The Lady* (Gesetz und Frau), *The Two Destinies* (Zwei Schicksalswege), Miss or Mrs?, Jezebels Daughter.

Dagegen ist „Antonina" ein historischer, „Mann und Weib", „Welke Blätter" und „Der schwarze Rock" soziale Tendenz- und „Hide and Seek" (Verstecken und Suchen), „Die neue Magdalena", „Die Blinde" (Poor Miss Finch) und der neueste „Herz und Wissen" sind Charakterromane bester Art mit pathologischem oder sozial-tendenziösem Hintergrunde. Wer möchte aber nach einer aufmerksamen Lektüre der wirklichen Sensationsromane behaupten, dass dieselben nicht, mit alleiniger Ausnahme von „Zwei Schicksalswege" alle Eigenschaften guter Charakterromane an sich trügen? „Die Frau in Weiß" hätte sich nicht diesen festen Platz im Gedächtnis der Romanleser der ganzen gebildeten Welt erobert, wenn nicht die großartige Erfindung der Fabel durch eine nur höchst selten erreichte Plastik der Charakterschilderung unterstützt würde. Und wird „Armadale", welcher Roman innerhalb der Werke Collins eine Gattung für sich ausmacht, und welchen ich einen auf eine Sensationsgeschichte aufgebauten Charakterroman nennen möchte – wird er durch seine phantastische Vorgeschichte und durch das allerdings übermäßig gestattete Hineinspielen eines unheimlichen Zufalls etwa so in seinem wesentlichen Gehalt geschädigt, dass die großartigen psychologischen Schilderungen der Bekehrung *Midwinters* vom Aberglauben und der *Lydia Gwilt* zur Liebe deshalb nicht für eine große künstlerische Leistung zu halten wären? Bei der Besprechung der einzelnen Werke werde ich es mir angelegen sein lassen, immer wieder diese wahrhaft künstlerische Seite in Collins' Schöpfungen hervorzuheben, da ich die allgemeine Erkenntnis von, und Bewunderung für seine unerschöpfliche Erfindungskraft doch wohl voraussetzen darf.

Wie sehr Wilkie Collins verdient ein Charakterkopf in der neuesten englischen Literatur genannt zu werden, das sieht man erst recht, wenn man sich die Erzeugnisse seiner Nachahmer näher betrachtet, welche in unerschöpflicher Menge die Feuilletons unzähliger Zeitungen und untergeordneter Zeitschriften füllen. „Die Frau in Weiß" hat Schule gemacht, wie nur sehr wenige Romane dieser letzten Jahrzehnte; aber man lese nur einmal einen Mordroman der *Braddon* nach einem von Collins und man wird den himmelweiten Abstand sofort erkennen. Eine fruchtbare Phantasie und großes technisches Geschick ist vielen dieser Nachahmer nicht abzusprechen, aber keiner hat je die dramatisch gesteigerte Wirkung der Intrige, die knappe Erzählungsweise, in der jedes Wort, jede unbedeutende Handlung, „to the purpose" ist, und den sauber ausgefeilten, den Personen und dem Gegenstande stets so trefflich angepassten Stil des Vorbildes zu erreichen vermocht. Und dann noch eins: Der Meister hat fast in jedem Werke etwas Neues in der Erfindung, in der Tendenz, im Stil vorzudringen – die Nachahmer machen Fabrikarbeit nach einem erprobten Rezept und ihre Produkte sehen sich untereinander wie denen ihrer Mitfabrikanten verzweifelt ähnlich.

Wir werden im Folgenden sehen, dass allerdings auch Collins von einigen dem Wesen des Sensationsromans anhaftenden Gefahren nicht unberührt geblieben ist – ich will hier nur auf seine Vorliebe für das Übernatürliche hinweisen, sowie auf die Gleichartigkeit mancher oft wiederkehrender Figuren: so der energischen Frauen, der klugen Advokaten und Ärzte – trotz alledem aber hoffe ich imstande zu sein, den Leser bei der Besprechung der einzelnen Werke auf eine solche Fülle des Bedeutenden hinweisen zu können, dass er die Berechtigung meines Unterfangens, Collins unter die hervorragendsten Erscheinungen der zeitgenössischen Literatur Englands zu stellen, wohl anerkennen dürfte.

Und nun zu einem kurzen Abriss des Lebens und Arbeitens unseres Autors, welchen ich seinen eigenen liebenswürdigen Mitteilungen verdanke.

II.

Wilkie Collins wurde geboren am 8. Januar 1824 zu London. Sein Vater war William Collins, der berühmte, auch über sein Vaterland hinaus bekannte Maler englischen Landlebens und englischer Küstenszenerie. Den Namen Wilkie gab ihm der Vater zum Andenken an seinen besten Freund, den gleichfalls berühmten schottischen Maler dieses Namens. Ich erinnere bei dieser Gelegenheit an die Tatsache, dass man in England häufig die Familiennamen hervorragender Männer oder auch guter Freunde und Verwandter als Taufnamen verwendet. Dieses Patengeschenk zweier berühmter Namen erweckte schon in dem Knaben den Ehrgeiz, sich ihrer würdig zu zeigen. Außer ihm war nur noch jüngerer Bruder, Charles, vorhanden, welcher sich gleichfalls als Novellist versucht hat und später Charles Dickens Schwiegersohn wurde; er starb jedoch schon im frühen Mannesalter. Einzelne seiner Novellen finden sich in den von Dickens herausgegebenen „Household Words". Von dem Atelier seines Vaters und dem Verkehr im Hause desselben empfing der Knabe Wilkie seine ersten künstlerischen Anregungen, auch mag er aus den Erzählungen seines viel umhergewanderten Vaters mancherlei Material zu späteren Novellen erhalten haben, wie dies sich z.B. aus der Vorrede zu „After Dark" (In der Dämmerstunde) ergibt. Das Familienleben im Hause des berühmten Malers war ein sehr inniges. Vater und Mutter wurden von den beiden Söhnen wahrhaft angebetet.

Der Verkehr im Vaterhause wirkte weit bildender auf des jungen Wilkie Herz und Kopf ein, als das Lateinisch und Griechisch in den englischen Schulen, welche er besuchte und von welchen er nie viel gehalten hat. Dass auch sein Gemütsleben eine eigentümliche, von der gewöhnlichen abweichenden Richtung einnahm, bezeugt die komische Geschichte seiner ersten Liebe. Im Alter von zwölf Jahren nämlich entbrannte sein Herz für eine mindestens dreimal so alte verheiratete Frau und seine Eifersucht auf deren vortrefflichen Gemahl war so heftig, dass er seine Nähe nicht ertragen konnte, sondern davonlief, wenn er ihn kommen sah.

Im Jahre 1837-38 nahmen die Eltern den dreizehnjährigen Wilkie, sowie Charles mit sich nach Italien. Die Eindrücke, welche Wilkie auf dieser Reise empfing, waren von größter Bedeutung für die Entwicklung seines Geistes und prägten sich tief in sein Gedächtnis ein. Schon damals verwebten sich in der regen Phantasie des Knaben die lebendigen Sinneseindrücke des erhabenen Ruinenlandes mit den Vorstellungen einstigen Glanzes, welche ihm der Geschichtsunterricht erweckt hatte. Es ist danach nicht zu verwundern, dass sein erster Roman uns als eine historisch-phantastische Ausbeutung jener starken Reiseeindrücke des Knaben entgegentritt: es war dies nämlich „Antonina or the Fall of Rome".

Nach England zurückgekehrt, tat der junge Collins seine ersten selbständigen Schritte auf der Lebensbahn als Commis eines Handlungshauses, vertauschte jedoch diese ihm gar nicht zusagende Beschäftigung sehr bald mit dem Studium der Rechte. Er wurde ein Barrister (Advokat) in Lincolns Inn (einem der bekannten Gerichtshöfe Londons), arbeitete jedoch dort ebenso wenig, wie vorher im Comptoir, sondern beschäftigte sich vielmehr damit, einen ganz tollen Roman zu schreiben, dessen Schauplatz die Insel Tahiti vor der Entdeckung durch die Europäer war. Nachdem er das Manuskript von einer großen Anzahl von Verlegern dankend zurückerhalten hatte, kam er glücklicherweise zur Besinnung und begann unverweilt ein neues Werk und dies war der schon erwähnte Roman „Antonina". Den ersten Band davon, so wie einen Teil des zweiten schrieb er in dem Atelier seines Vaters, in welches er sich des Abends fast ebenso regelmäßig mit Feder und Tinte zurückzog, wie sein Vater es morgens mit Palette und Pinsel betrat. Ehe jedoch die Hälfte des neuen Manuskripts geschrieben war, starb der vielgeliebte Vater und Wilkie legte Antonina beiseite, um eine neue Geschichte zu beginnen, welche seinem Herzen weit näher lag, nämlich die Lebensgeschichte seines Vaters.

„The Life of William Collins, R.A." hieß das erste Buch, auf dessen Titel der Name Wilkie Collins gedruckt erschien. Nach der Veröffentlichung dieser Memoiren im Jahre 1848 nahm er das halbvollendete Romanmanuskript wieder vor, dieses Mal jedoch mit weit weniger Zuversicht, denn er konnte den Gedanken nicht los werden, dass sein erster Menschenfresserroman, der bei sämtlichen belletristischen Verlegern Londons herumgewandert war, diese sicherlich gegen ihn voreingenommen haben müsste. Dennoch hatte er soviel Interesse an seiner neuen Schöpfung, um dieselbe trotz aller Zweifel an sich selber langsam zu fördern. In Paris beendete er das Manuskript. Allein der erste Versuch, einen Verleger zu finden, schlug abermals fehl und der Autor war schon ganz darauf vorbereitet, eine zweite Serie von Absagebriefen mit den bekannten höflichen Wendungen zu erhalten, als zu seiner größten Freude schon der zweite Versuch bei Mr. Bentley glückte. Antonina erschien im Jahre 1850 prächtig gebunden in drei Teilen und fand zu des Autors nicht geringer Überraschung das einstimmige Lob der Kritik. Nie wieder ist einem späteren Werke eine gleiche Aufnahme von Seiten der Kritik zu Teil geworden und doch ist Antonina dasjenige Werk, welches von der Eigenart Wilkie Collins' noch gar keine Spur aufweist und heute schon wenig mehr gelesen wird. Immerhin erfüllten jene wohl nicht ganz richtig angebrachten Lobsprüche die Aufgabe, dem jungen Talente den Glauben an seinen Beruf beizubringen. Diesem Beruf ist Wilkie Collins bis auf den heutigen Tag treu geblieben und hat, obwohl er verhältnismäßig langsam arbeitet und materielle Rücksichten ihn schon längst nicht mehr dazu nötigen, das Publikum mit einer langen Reihe von Romanen beschenkt.

Seine Advokatenlaufbahn gab er alsbald auf und die Geschichte seines späteren Lebens bis auf diesen Tag liegt lediglich in seinen Werken – eine Geschichte ernster Arbeit an sich selbst zur Freude seines Publikums.

Es war aber nicht die von der Kritik so gepriesene „Antonina", welche den Namen Wilkie Collins mit einem Schlage der ganzen Roman lesenden Welt bekannt machte, sondern „Die Frau in Weiß", ein Buch, dessen Erfolg selbst den besten Freunden des Verfassers sehr zweifelhaft schien und welches von der Kritik, wie alles Neue in England, sehr misstrauisch und übelwollend aufgenommen wurde. Mit Ausnahme von Charles Dickens, dem großen Freunde des Verfassers, wollte schon der Titel keinem seiner Bekannten gefallen – und kaum war „Die Frau in Weiß" erschienen, als allerorten kleine Geister Nachahmungen als „Frau in Rot", „Frau in Malvenfarbe", kurz „Frauen" in allen Regenbogenfarben auf den Markt brachten. Das nächste Bedenken seiner Freunde richtete sich gegen die Form der Erzählung in Berichten einzelner Augenzeugen – sie glaubten, diese Manier würde besonders bei dem Erscheinen des Werkes in Buchform sich als sehr nachteilig für die Wirkung herausstellen. Trotzdem war Collins so vorsichtig, das Verlagsrecht des Buches nicht ein- für allemal zu verkaufen. Ehe die Buchausgabe erschien, verließ der Verfasser England, ging ‚yachting' und kreuzte monatelang in verschiedenen Meeren umher. Als er zurückkehrte, war „Die Frau in Weiß" bereits in vierter Auflage erschienen und in alle europäischen Sprachen übersetzt! Seine Mutter kam ihm mit einem großen Korb voller Briefe von einer Anzahl enthusiastischer Leser entgegen, und dies freiwillige Lob so vieler unbekannter Bewunderer machte Mrs. Collins zu einer der stolzesten und glücklichsten Frauen in England. Trotz dieses fast beispiellosen Erfolges beim Publikum fuhr die Kritik fort, sich gegen den starken Strom des allgemeinen Entzückens zu stemmen und suchte, mit Ausnahme von ein oder zwei Revuen, das Verdienst des Verfassers, in Inhalt und Form einen neuen Weg eingeschlagen zu haben, nach Möglichkeit zu schmälern. Der Erfolg ihrer Bemühungen war der, dass von der bald veranstalteten neuen, billigen Ausgabe des Werkes im Umsehen 60.000 Exemplare verkauft wurden. Durch diesen großartigen Erfolg seines Publikums gewiss, hat Collins es sich von jener Zeit ab zum Gesetz gemacht, keine Rezensionen über seine Werke mehr zu lesen und er ist diesem Vorsatze nur in seltenen Fällen untreu geworden, wenn ihn gute Freunde einmal ausdrücklich darum baten.

Sein äußeres Leben ist seither ein durchaus ruhiges und glückliches gewesen. Das Publikum ist ihm stets treu geblieben und in der Gunst desselben hat er seinen schönsten Lohn für sein unablässiges Arbeiten gefunden. Dass der klingende Lohn aus den Kassen seiner Verleger, Chatto & Windus und Smith, Elder & Co. in London ihm in fast ununterbrochenem Strom zufloss, wird jeder, der die großartigen Verhältnisse des englischen Buchhandels kennt, sich wohl denken können. Um einen Begriff von dieser Großartigkeit zu geben, will ich hier nur das Faktum mitteilen, dass nach dem Erfolg von „No Name" die Firma Smith, Elder & Co. dem Verfasser einen neuen Kontrakt zur Unterschrift vorlegte, worin sie sich verpflichtete, ihm für seinen nächsten Roman – von dem der Autor selbst noch nichts wusste – 5.000 Pfund Sterling, also über 100.000 Mark zu zahlen. Dieser nächste Roman war „Armadale". –

Sein inneres Glück dagegen ist nicht ungetrübt geblieben. Vater, Mutter und Bruder starben ihm und einer seiner Freunde nach dem andern folgte ihnen nach. Er empfand diese Verluste um so schmerzlicher, als ihm das Glück der Ehe nicht zuteilward. So komisch die Geschichte seiner ersten Knabenliebe ist, so tieftraurig war für Wilkie Collins die unglückliche Liebe seiner Mannesjahre. Während seiner letzten schweren Krankheit verbrannte er alle Briefe und Liebespfänder, mit denen sich fast nur traurige Erinnerungen verknüpften, und wie er dadurch andeutete, dass er die Vergangenheit seiner Herzenserlebnisse begraben sein lassen wolle, so will auch ich an diesem Grabe schweigend vorübergehen.

Es ist natürlich, dass in einem warm fühlenden Männerherzen, dem Frauenliebe nicht blüht, die Freundschaft eine umso festere Stätte haben wird. So war es auch mit Collins. Der Verkehr mit seinen Freunden, deren ältester und geliebtester Freund Charles Dickens, der Schwiegervater seines Bruders, war, musste ihm den schmerzlichen Mangel einer eigenen Häuslichkeit und Familie ersetzen. Aber auch diese Freunde starben einer nach dem andern, bis auf einige wenige, unter welchen ihm der treffliche Arzt Carr Beard am nächsten steht, derselbe Mann, welcher lange Zeit mit der Liebe eines Bruders über Charles Dickens schwankender Gesundheit wachte und ihm später die Augen zudrückte. Auf den Umgang mit Beard ist wohl Collins' oft an den Tag gelegte

Vertrautheit mit den merkwürdigsten pathologischen Erscheinungen zurückzuführen. Leider muss er mit seiner Erfahrung nicht nur dem Schriftsteller, sondern nur zu oft dem Menschen Collins dienen, welchen schon seit längerer Zeit eine ererbte und unheilbare Gicht in den Augen plagt, die ihn oft zu gänzlicher Untätigkeit verdammt und fast am Leben verzweifeln macht. Aber die Arbeit reißt ihn immer wieder aus solchen trüben Stimmungen heraus, und während er seine ganze Geisteskraft für das Gelingen eines neuen Werkes einsetzt, vermag er auch den Körper zum Gehorsam zu zwingen und den Schmerz zu bannen. Den 1883 erschienenen Roman „Heart and Science" schrieb Collins in freiwilliger Verbannung von London wie ein Einsiedler lebend und von schmerzhaften Anfällen seines bösen Leidens gequält. In einem Zustand gänzlicher Erschöpfung schloss er das Manuskript, und bald darauf stellte sich wieder ein heftiger Anfall ein. Trotzdem hat er im vergangenen Jahre bereits einen neuen zweibändigen Roman vollendet. Welche rastlose, bewundernswerte Energie!

Dem Leser, welchen die Art und Weise seines Schaffens interessiert, kann ich wohl am besten dienen, wenn ich hier wörtlich übersetze, was Collins mir selbst darüber schrieb. In einem Briefe vom 20. Dezember 1882 sagt er nämlich: „Was meine Schriftstellerei anbelangt, so habe ich vier Regeln. Zunächst: die Hauptidee. Zweitens: das Ende. Drittens: der Anfang. Die Erfüllung welcher letzteren mit der schrecklichen Schwierigkeit verknüpft ist: *immer beim Anfang anzufangen.* Wer das kann, der kann auch die Hauptbedingung des Erfolgs erfüllen, nämlich viertens: *die Geschichte immer vorwärts schreiten zu lassen.* Ich werde oft nach meinem ‚Geheimnis' gefragt: das ist es! Als ein literarischer Handwerker betrachtet, bin ich wohl einer der langsamsten und am meisten sich mühenden Autoren, die je eine Feder gehalten haben. Ich verbessere wieder und wieder, bis meine Manuskripte fast unleserlich sind und arbeite am Stil mit einem, je älter ich werde, immer höher geschraubten Ideal, von dem, was ich erreichen sollte – leider weit entfernt von dem, was ich erreichen kann! Manche meiner Zunftgenossen wundern sich, warum ich mir so viel Mühe mache, in dieser Zeit des eilfertigen und kritiklosen Durcheinanderlesens. Meine einzige Antwort ist, dass ich nichts anders *kann.* Einen nachlässig gebauten Satz im Druck stehen gelassen zu haben, würde mich für mehrere Tage ganz unglücklich machen."

Jene eben aufgestellten Regeln für die Komposition eines Romans klingen vielleicht etwas leer und nüchtern. Bei näherer Betrachtung werden wir aber in ihnen allerdings die Collinssche Manier trefflich erklärt finden. Ich denke mir danach die Entstehung eines Collinsschen Romans folgendermaßen: Er liest oder hört eine merkwürdige Anekdote und gewinnt daraus die Hauptidee. Gute Hauptideen schwirren ja zu Tausenden in der Luft herum. Nun kommt aber schon der erfinderische Geist des Autors zur Geltung bei der Frage: wie löst sich der gegebene Konflikt im Sinne höherer Gerechtigkeit und mit psychologischer wie realer Wahrheit? Hier wird der Autor meist schon seinen Halt an der Wirklichkeit verlieren, weil in der Wirklichkeit oft die großartigsten Anfänge sich elend im Sande verlaufen, Konflikte ungelöst bleiben und ein alberner Zufall interessante Verwickelungen zerstört. „Das Ende" ist somit ein weiterer Begriff, der große Schwierigkeiten und ernstestes Nachdenken in sich schließt. Um über „das Ende" in jedem Sinne schlüssig zu werden, muss also die ganze moralische, bzw. soziale oder sonst welche Tendenz des Werkes dem Autor bereits ganz klar sein. Es gibt so unendlich viele Romane, welche enden, wenn es eben genug davon ist, oder wenn sie sich kriegen, ohne dass durch den Schluss irgendwie die Summe aus der vorausgegangenen Rechnung gezogen würde. Wilkie Collins hat diesen Fehler von seinem ersten bis zu seinem letzten Romane vermieden – und das ist kein geringes Lob!

Und nun der Anfang, welchen Collins mit Recht für das schwerste Stück Arbeit hält. Den richtigen Zeitpunkt instinktiv zu fühlen, in welchem die Personen des Romans alle am Besten dazu vorbereitet sind, in die Handlung einzugreifen – das ist eine große Kunst. Sie schließt ferner die Schwierigkeit in sich, das Rätsel, um dessen Lösung es sich handelt, gleich auf den ersten Seiten so geschickt hinzuwerfen, dass der Leser sofort mit einem innerlichen „Aha!" die Augen weiter aufmacht und nun wirklich *Geschichte*, nicht nur Worte liest. Und endlich die größte Schwierigkeit, womöglich alle Fäden einfach und scheinbar kunstlos anzuknüpfen, welche später zu dem bunten Gewebe benützt werden sollen, sonst entstehen eben später Knoten in demselben – Wiederholungen, Stillstände, unorganische Einschiebsel, welche bei der Lektüre Steine des Anstoßes bilden und leicht das Interesse, die Spannung zum Straucheln und selbst zum Fallen bringen können. Jetzt wird man begreifen, wie in der Tat nach Überwindung aller Schwierigkeiten des Anfangs der Weg durch die Mitte zum Ende geebnet ist und wie ein guter Anfang das unerlässlichste Erfordernis ist, wenn die Geschichte stetig vorwärtsschreiten soll. Und dies stete Vorwärtsschreiten nennt Collins mit vollem Rechte die Hauptbedingung des Erfolges: sie ist es nicht nur für den Sensationsroman, sondern überhaupt für jede erzählende Dichtung; denn auch da, wo der Schwerpunkt des Interesses nicht in der Handlung ruht, wird der Fortschritt in der Entwicklung der Charaktere, in der Klarlegung der poetischen Idee, oder was es nun sei, immer das Hauptmittel sein, um das Interesse wach zu halten. Wer mit dieser Kenntnis von dem „Geheimnis" unseres Autors irgendeines seiner Werke aufmerksam liest, der wird sich kaum einen zu hohen Begriff machen können von der großen Summe von Arbeit, von Scharfsinn und künstlerischer Fähigkeit, welche er zur Vollendung jedes dieser Werke aufwendete.

Collins ist durch und durch Realist. Nachdem er dem Sturm und Drang der Jugend in „Antonina" den schuldigen Tribut gezahlt hatte, wendete er sich ausschließlich der Schilderung moderner, fast ausnahmslos englischer Verhältnisse zu. Das ist es eben, was ihn in den Augen der großen Masse eingebildeter Gebildeter als der Beachtung nicht würdig erscheinen lässt, weil sie sich die Poesie, deren Vorhandensein im Roman als das notwendige Erfordernis für seine literarische Wertschätzung gilt, nicht gut anders als im Kostüm oder sonst wie phantastisch verschnörkelt und der aktuellen Modernität entkleidet vorstellen kann. Die Poesie liegt aber, wie das Geld, auf der Straße, wenn man sie nur zu finden weiß; und wer nur den Begriff weit genug nimmt, der sieht sie in jedem Konflikt eines eigenartigen Charakters mit Gesetz, Herkommen, Sitte oder mit sich selbst – überhaupt in jeder originellen Betätigung eines originellen Empfindens. Solche Konflikte, solche Charaktere treffen wir in jedem Collinsschen Romane wieder, und zwar nehmen diese Konflikte im Allgemeinen an Bedeutsamkeit zu, je mehr sich die Lebensanschauungen des Autors vertiefen, und besonders, je mehr seine Urteile über Gesetze, Sitten und Vorurteile seines Vaterlandes schärfer und Zweckbewusster werden. Daher die Erscheinung, dass seine letzten Werke die ausgesprochensten Tendenzromane geworden sind.

Wilkie Collins zeigt sich von Anfang an frei von der schlimmen religiösen und sozialen Engherzigkeit und Ängstlichkeit seiner Landsleute, er versetzt ihren lächerlichsten und ihren gefährlichsten nationalen Eitelkeiten und Unverzeihlichkeiten Schlag auf Schlag in seinen Romanen mit einer Kühnheit, die der echte Durchschnittsengländer empörend finden und die dem kleineren Kreise der Einsichtigen und Belehrbaren die Augen öffnen muss, welche jedoch bei ersteren in ihrer verletzenden und bei letzteren in ihrer aufreizenden Wirkung gemildert wird durch den alle Leserkreise gleichmäßig bannenden, die Hauptsache oft vergessen machenden Reiz der aktuellen Spannung.

Daher kommt es, dass diejenigen, welche ihn wegen seiner künstlerischen Eigenschaften eigentlich verehren müssten, ihn nicht beachten zu brauchen glauben, und diejenigen, welche ihn wegen seiner Tendenzen eigentlich hassen müssten, ihn lieber heimlich lieben – und alle ihn lesen!

Seiner ganzen künstlerischen Art und Weise nach möchte ich Wilkie Collins den Sardou des englischen Romans nennen. Des Letzteren ungemeines technisches Geschick, bedeutende Erfindungsgabe, sprudelnder Witz und packende Wirkung der Charaktere und Situationen werden von manchen Kritikern ebenso über die Achsel angesehen, wie die gleichen Eigenschaften des Ersteren, und doch wird der Einsichtige nicht leugnen können, dass die ganze Besonderheit des Dramatikers Sardou etwas durchaus Modernes, Neues, in ihrer Art Meisterhaftes und für das französische Drama der Jetztzeit ebenso charakteristisch ist, wie etwa der naturalistische Roman Zolas. Eine ähnliche Stellung wie Sardon in der französischen, möchte ich Collins in der englischen Literatur anweisen, jedoch, wenn ich davon absehe, dass der Dramatiker, dessen Kunst, die bei Weitem schwerere ist, dadurch schon immer höher steht als der gleichwertige Novellist, eine noch etwas höhere, denn er besitzt vor dem oberflächlicheren Franzosen den Vorzug einer weit größeren Gewissenhaftigkeit in der psychologischen Begründung, einer größeren Breite und Tiefe seiner künstlerischen Zwecke und des kostbaren germanischen Urbesitzes Humor, welcher vielleicht von allen modernen Franzosen nur bei Daudet zu finden ist.

Schreiten wir nun zur Betrachtung der einzelnen Werke unseres Autors.

III.

Es ist nichts natürlicher, als dass ein junges episches Talent sich zunächst von historisch romantischen Stoffen mehr angezogen fühlt als von den scheinbar unpoetischen modernen. Erst die reife Lebenserfahrung lässt den wahren Dichter in seiner eigenen Umgebung im Bekannten, Alltäglichen ein Feld entdecken, auf dem auch die Kunst reiche Ernte halten kann. Es gibt der Beispiele viele, dass Autoren, welche später auf dem Gebiete des modernen Lustspiels ihre Erfolge feiern, mit Griechen- oder Römertragödien beginnen. Ebenso begann Wilkie Collins, wenn wir von seinem tollen Jugendversuche absehen, seine literarische Laufbahn mit einem historischen Roman.

Ich bemerkte schon, wie nachhaltig die Eindrücke waren, welche er von seiner ersten italienischen Reise empfing. Kein Wunder, dass sich seine ausschweifende Phantasie zunächst an einen italienisch-historischen Stoff anklammerte. Antonina, sein erster veröffentlichter Roman, spielt nämlich zur Zeit der Unterwerfung Roms durch Alarich. Der Abstand zwischen dem ganzen Habitus dieses Werkes und seinen späteren Sensationsromanen ist ein ganz gewaltiger. Es scheint fast unglaublich, dass Antonina und die Frau in Weiß denselben Wilkie Collins zum Verfasser haben sollten. In seinem Stil ist die Entwicklung viel eher schrittweise von Werk zu Werk zu verfolgen, in jeder übrigen Hinsicht aber steht Antonina ganz vereinzelt da. Der große Beifall, den die Kritik dem Werke zollte, ist durch den Umstand erklärlich, dass dieser Roman – durchaus nichts Neues enthielt, sondern nur ein beliebtes Genre mit vielem Talent kultivierte. Misst man ihn aber mit dem Maßstabe des reifen Wilkie Collins, so erscheint er uns freilich höchst jugendlich.

Der Inhalt ist kurz folgender: Betranius, ein reicher Lüstling, stellt Antonina, der Tochter eines christlichen Zeloten namens Numerian, nach. Ulpius, ein alter Diener Numerians, gibt sich zum Kuppler her und verspricht ihm, ihn in das Schlafzimmer des Mädchens zu führen, wenn er ihm in seinen wahnsinnigen Bemühungen, den alten Götterglauben wiederherzustellen, beistehen wolle. Dieser Ulpius, ein wahrhaft abschreckender, aber sehr gut durchgeführter Charakter, ist nämlich Oberpriester im Serapistempel zu Alexandrien gewesen und hat nach dessen Zerstörung ein Leben voller Abenteuer geführt, trotz aller Verfolgungen mit finsterer Hartnäckigkeit an allen seinen Plänen für die Wiederaufrichtung des Heidentums festhaltend, bis er sich schließlich durch die Not gezwungen sieht, die Maske eines eifrigen Christen vorzunehmen und dadurch das Vertrauen Numerians zu gewinnen. Betranio ist im Grunde auch noch Heide, wie alle römischen Roués jener Zeit, daher die Hoffnungen, welche Ulpius auf ihn setzt. Betranius verspricht dem halbwahnsinnigen Fanatiker was er will, ohne natürlich daran zu denken, es jemals zu erfüllen. Im Schlafzimmer Antoninas überrascht ihn der alte Numerian und verstößt seine Tochter, obwohl diese gänzlich unschuldig ist. Antonina flieht aus dem Hause und gelangt gerade noch vor Toresschluss aus Rom hinaus, das Alarich eben zu blockieren beginnt. Im gotischen Heere befindet sich eine vornehme Frau, namens Goisvintha, deren Kinder und Gatte von den Römern ermordet worden sind, und welche in ihrer wahnsinnigen Rachbegierde ihrem Bruder Hermanrich den Schwur abgenommen hat, jeden Römer, der ihm in den Weg käme, zu töten. Nun ist Antonina die erste Römerin, welche sich ins gotische Lager verirrt und zufällig gerade vor Hermanrich geschleppt wird. Statt sie jedoch zu töten wie er geschworen, verliebt er sich vielmehr heftig in sie und bringt sie vor der wütenden Goisvintha in einem einsamen Hause in Sicherheit. Jede Nacht verlässt er seinen Posten, um zu Antonina zu schleichen. Seine Schwester erfährt dies und bestraft in der Weise ihrer Vorfahren den Verräter, indem sie die Sehnen seiner Hände selbst durchschneidet, nachdem sie ihn unbemerkt bei seinem nächtlichen Stelldichein überrascht hat. Gleich darauf wird Hermanrich auf Alarichs Befehl vor Antoninas Augen umgebracht.

Inzwischen ist in Rom die fürchterlichste Hungersnot ausgebrochen, die Pest im Gefolge nach sich ziehend. Ulpius hat an einer unbeachteten morschen Stelle den Mauernrand durchbrochen und will Alarich auf diesem Wege in die Stadt führen. Der stolze Gotenkönig weist den Verräter verächtlich ab und Ulpius begibt sich ins freie Land hinaus. Der Zufall führt ihn in jenes einsame Haus, in welchem Antonina noch verborgen ist.

Der Schmerz um des Geliebten Tod hat sie fast des Verstandes beraubt und sie lässt sich willenlos von dem alten Scheusal durch die Bresche nach Rom zurückführen. Sie findet dort ihren Vater fast verhungert. Um ihn zu retten, geht sie zu Betranio, welcher gerade ein „Banquet des Todes" feiert, d.h. eine Anzahl Gesinnungsgenossen eingeladen hat, um mit ihnen eine wüste Orgie zu begehen, welche damit enden soll, dass der letzte, welcher noch bei Besinnung ist, den Scheiterhaufen anzünden muss, auf welchem sie sich alle verbrennen wollen. Betranio ist dieser Letzte und Antonina kommt gerade in dem Augenblick, wo er die Fackel anlegen will. Ihre Erscheinung erweckt seine Reue und das Vorhaben bleibt unausgeführt. Um einen Begriff von der wilden Phantasie des jugendlichen Autors und von seinem damaligen Stil zu bekommen, lese man nur einmal die Beschreibung jenes Banquets des Todes nach. Wir werden bei unserem guten Herrn Professor Ebers vergebens nach solchen gewaltig packenden Schilderungen suchen. Es ist eben echtes Poetenblut, was hier in strotzenden Adern pulsiert, und bei aller Phantastik ist dies tolle Gemälde sicherlich auch *historisch* genug, trotzdem die gelehrten Noten mit Hinweisen auf die Quellenwerke fehlen!

Als Rom endlich gegen ein ungeheueres Lösegeld seine Freiheit wiedererlangt, ohne dass die Goten es betreten dürfen, schleicht sich dennoch Goisvintha hinein, um die tief gehasste Antonina zu morden. Sie sieht sie mit ihrem Vater auf der Straße und verfolgt die beiden bis in einen alten heidnischen Tempel, in welchem sich schon vorher Ulpius, der inzwischen ganz wahnsinnig geworden ist, eingenistet hat. Er will Numerian und seine Tochter dem eisernen Drachen opfern, einer Mordmaschine, welche sich in dem Keller des Tempels befindet. Durch Goisvinthas Dazwischenkunft, welche Antonina ihr Messer in den Nacken stößt, wird dies verhütet und Ulpius stürzt sich auf Goisvintha als auf ein neues Opfer. Er weiß sie dazu zu bringen, dass sie die finstere Kellertreppe hinuntersteigt – der eiserne Drache bohrt ihr seine spitze Stahlzunge durch den Leib. Aus den tollen Reden des Ulpius muss Numerian schließen, dass er sein Bruder sei. Ulpius kommt bald darauf in den Flammen seines Tempels um, den er allein gegen das ganze Volk verteidigen will. Antonina wird wieder gesund, und verlebt den Rest ihres Lebens in dem Häuschen, in welchem ihre kurze Liebestragödie gespielt und welches der reuige Betranio für sie und ihren alten Vater gekauft hat.

Ich habe so ausführlich von diesem Romane gesprochen, weil er nicht mehr viel gelesen wird und namentlich in Deutschland, da er nicht übersetzt ist, weniger bekannt ist. Zur Erkenntnis der Entwickelung unseres Autors ist er aber sehr wichtig. Aus der gedrängten Inhaltsangabe kann man sich schon eine Vorstellung machen, von der freilich noch recht wüsten Phantasie des jungen Collins. Das Werk trieft ordentlich von Blut. Und doch sind die Schilderungen der vielfachen Morde und Mordversuche noch zahm im Vergleich zu den krassen Gemälden der Pest und Hungersnot, des Wahnsinns des Ulpius und des „Banquets des Todes". Man sieht bei der Lektüre dieses Romans den jungen Autor ordentlich leibhaftig vor sich, wie er um Mitternacht, mit dem starken Tee zur Hand, über sein Manuskript gebeugt sitzt, wie seine Augen triumphierend glänzen, wenn er an die Gänsehaut denkt, die bei der Lektüre der eben beschriebenen Gräuelszenen den Leser überlaufen wird. Mit einer wahren Wollust mengt er Grausen, Ekel, Sentimentalität und moralische Betrachtung durcheinander und ist erst zufrieden, wenn ihm selber die Haare zu Berge stehen. – Die Personen sind die in allen Romanen aus der Zeit des Verfalls des Römischen Reiches vorkommenden. Wir kennen sie alle aus Bulwers „letzten Tagen von Pompeji", aus Dahn und aus Ebers. Es ist viel Konventionelles an ihnen und dennoch zeigt sich gerade an der Charakterschilderung das entschiedene, starke Talent des Verfassers von der besten Seite. Ulpius ist ein Monstrum, dessen wahnwitziger Fanatismus die denkbar scheußlichste Form annimmt, aber dennoch mit einer Großartigkeit der Erfindung und Kühnheit der Zeichnung dargestellt, dass sie selbst eines größeren Genies würdig wäre. – Wie matt, blass und armselig erscheinen dieser und mancher anderen Gestalt des Romans gegenüber ihre Pendants in den Werken unseres Salon-Ägypters! – Der Stil ist, wie schon gesagt, das Auffälligste an Antonina. Ich glaube, es finden sich Hunderte von Worten darin, welche in keinem späteren Roman von Collins wieder vorkommen. Je hochtrabender, ungewöhnlicher und pompöser die Worte und Phrasen sind, desto mehr hat sich augenscheinlich der junge Poet daran delektiert. Ja sogar zu einigen Gedichten hat er sich aufgeschwungen, wo sie sich irgend anbringen ließen, aber sie sind bombastisch und steif. Das schlimmste an der Schreibweise ist die oft unerträgliche Breite, die endlosen Beschreibungen und Betrachtungen, welche, obwohl klug genug, doch im Grunde nur landläufige Weisheit vortragen. Goisvintha besonders verleidet sich dem Leser durch ihr ewiges Racheschnauben, Verfluchen und Schwören. Ich muss gestehen, dass es mir nicht möglich war, sämtliche längere Reden dieses Hünenweibes Wort für Wort zu lesen. – Ein verräterisches Zeichen der Anfängerschaft ist auch die Unmanier des Verfassers, den Leser fortwährend auf seine eigene Technik aufmerksam zu machen. Begründungen seines Verfahrens, Entschuldigungen an den Leser und Apostrophen aller Art finden wir zu unserem Ärger immer und immer wieder. – Nun, wir wissen, wie schwer es ist, objektiv zu sein – und wir wissen auch, dass sich Collins die angedeuteten Fehler so vollständig abgewöhnt hat, dass wir, wie schon bemerkt, jetzt kaum glauben mögen, er könne jemals im Antoninastil geschrieben haben.

Bereits in seinem zweiten Roman kehrte sich Wilkie Collins von dem romantisch-historischen Genre ab und dem modern realistischen zu. In der Vorrede zu „Basil", welcher seinem Freund Charles James Ward gewidmet ist, glaubt er sich wunderlicherweise wegen einzelner realistischer Situationen noch besonders entschuldigen zu müssen. Das Buch ist nicht früher als 1861 erschienen und doch mutet uns mancher Satz dieses Vorwortes schon ganz altfränkisch an, besonders wenn wir an den Collins der spätern Jahre denken. Es ist eben Basil der erste noch etwas zaghaft Schritt auf der neuen Bahn gewesen, welche der junge

Autor bald als Sieger durchstürmen sollte. Diese Vorrede ist ferner ein Beweis, wie sehr Collins noch mit der Technik zu kämpfen hatte, denn wenn man die in derselben aufgestellten Regeln mit der wirklichen Ausführung vergleicht, so bemerkt man leicht, wie das Können mit dem Wollen noch nicht gleichen Schritt hält. Man höre einen Abschnitt aus dieser Vorrede.

„Ich habe das Hauptereignis, von welchem diese Geschichte ausgeht, auf eine mir bekannte Tatsache basiert. Als ich hernach den Lauf der hierdurch angeregten Erzählung formte, habe ich ihn so oft ich konnte an der Hand meiner eigenen oder mir mitgeteilten Erfahrungen so gelenkt, dass er in seinem Fortschritt Wirkliches und Wahres berührte. Meine Idee war, dass ich mich desto mehr auf die Echtheit und den Wert des Idealen, welches daraus entspringen sollte, verlassen könnte, je mehr des Aktuellen ich als Grundtext auftreiben konnte. Grazie, Schönheit, Phantasie, jene Eigenschaften welche für ein Kunstwerk sind, was Duft und Farbe der Blumen, können nur zum Himmel emporblühen, wenn sie in der Erde Wurzel schlagen. Ist nicht die edelste Poesie der Prosadichtung die Poesie des Alltäglichen?

Indem ich also die Charaktere und die Geschichte so oft als möglich in das Licht der Wirklichkeit stellte, habe ich nicht gezögert, manche Herkömmlichkeiten des sentimentalen Romanstils zu verletzen. So z.B. treffen sich die Liebenden in diesem Buch (wo sich ihre Vorbilder in Wirklichkeit trafen) an der allerletzten Stelle und unter den allerletzten Umständen, welchen die Kunstgriffe des sentimentalen Stils gutheißen würden. Werden meine Liebhaber lächerlich statt interessant erscheinen, weil sie sich zuerst in einem Omnibus begegnen? Ich bin sanguinisch genug es nicht zu fürchten.

Andererseits habe ich in gewissen Partien dieses Buches, wo ich versucht habe, die Spannung oder das Mitleid des Lesers zu erregen, als vollständig angemessenes Zubehör der Szenerie die allergewöhnlichsten Straßengeräusche und die allergewöhnlichsten, der Zeit und dem Ort eigentümlichen Vorgänge benutzt, in dem Glauben, dass diese Dinge, indem sie die Wahrheit vergrößern, auch die Tragik vergrößern, durch die Gewalt des echten Kontrastes, und zwar mehr als irgendwelche Kunstgriffe dies zu tun imstande sind, mögen sie auch noch so klüglich von einer noch so gewandten Hand benutzt werden."

Das ist alles recht schön und gut, aber in der Ausführung erscheint doch dieses zur rechten Zeit angeführte realistische Zubehör eben auch als Kunstgriff. Der Autor täuscht sich, wenn er glaubt, einen Unterschied statuiert zu haben. In Basil erscheinen sogar die realistischen Details häufig recht ungeschickt eingeführt, denn sie unterbrechen den Fluss der Erzählung zur unrechten Zeit. In dramatisch zugespitzten Momenten sind beschreibende Exkurse allemal vom Übel. Es ist auch ein Kunstgriff, zur rechten Zeit sich kurz zu fassen.

Gerade das hat Collins später so überaus gut verstanden und an der Weitschweifigkeit und den häufigen Wiederholungen im Basil merkt man recht deutlich die Unfertigkeit des Verfassers.

Der Stoff und die Ausspinnung desselben zeigen, dass der junge Autor sich bereits im Zaum zu halten sucht, doch erkennen wir den Verfasser der Antonina immer noch wieder an der Lust für die breite Ausmalung des Peinigenden und des Schrecklichen.

Basil ist die Autobiographie eines jungen Mannes aus vornehmem Hause, welcher heimlich eine Shopkeeper-Tochter heiratet. Er entdeckt, dass sie ein schmutziges Verhältnis mit dem ersten Buchhalter ihres Vaters unterhält und bringt den Verführer fast um. Sein stolzer Vater verstößt ihn und jener Buchhalter verfolgt ihn mit der grausamsten Rache, bis ein Zufall dessen Tod herbeiführt und ihn so erlöst.

Der Fortschritt gegen Antonina ist, wie ich schon sagte fast ganz auf die Wahl des Genres beschränkt. Der Stil ist nur in so weit geklärter und ruhiger, als dies eben mit den Forderungen des Stoffes bedingt ist. Der Selbstschilderer gefällt sich eben doch sehr in der möglichst pathetischen Ausmalung seines Schmerzes, und dass er den Stil des damaligen Wilkie Collins schreibt, ist nicht zu verwundern, da er gleichfalls als ein junger Autor auftritt, welcher an einem historischen Roman schreibt. Die Charakteristik ist im Allgemeinen gut, nur zu ängstlich ausführlich. Als ein großer Missgriff ist es zu betrachten, dass Collins den Schreiber seine ganze Familiengeschichte erzählen lässt und dann seine in der Erzählung vorkommenden Verwandten noch einmal einzeln aufführt und mit übermäßiger Breite der Reihe nach charakterisiert, und dass er ferner immer und immer wieder durch betrachtende Blicke in die Zukunft den Beginn der eigentlichen Handlung hinausschiebt. Den späteren Meister erkennt man in der geschickten Herbeiführung und packenden Darstellung der dramatisch bewegten Hauptszenen. Sein Streben, auch den Roman dramatisch zu gestalten, spricht sich in der schon zitierten Vorrede deutlich aus und insofern haben wir Basil als den ersten Versuch auf Collins' eigenstem Felde anzusehen.

Von der späteren Knappheit des Stils, der großen Kunst der Spannung und dem erfrischenden Humor ist noch nicht viel zu merken, aber für einen ersten Versuch ist Basil immerhin eine nicht unbedeutende Leistung.

IV.

Der nächste Roman unseres Autors „Hide and Seek" (Verstecken und Suchen) trägt die Widmung „Meinem lieben Freund Charles Dickens". Es ist eine Freude, an diesem Werk zu sehen, wie der Umgang mit dem großen Humoristen auf den jungen Heißsporn wohltätig, beruhigend und zugleich zu Höherem anspornend gewirkt hat. Das Bestreben nach Dickens Vorbild seine eigenen Fehler zu korrigieren und die Auswüchse seiner wilden Phantasie zu beschneiden ist in diesem Werk deutlich wahrnehmbar und der Erfolg dieses Bestrebens ist ein ungemein erfreulicher.

Während wir in *Antonina* und *Basil* noch die leidige Vorliebe des jungen Romanciers für das Grässliche, ästhetisch Abstoßende und das sittlich Empörende bedauern mussten, finden wir hier einen äußerst interessanten, aber nicht ungesund pikanten Stoff mit behaglicher Breite ausgeführt. Scharfe Satire, edles Pathos und ein glänzender Humor machen „Hide and Seek" zu einem der besten Werke Collins, ja, wir möchten fast bedauern, dass ihn der spätere ungeheure Erfolg der „Frau in Weiß" zu sehr nach der Richtung des rein Sensationellen hindrängte. Wäre er in der Sphäre von „Hide and Seek" geblieben, so würde er vielleicht seinem Vorbilde Dickens sehr nahe gekommen sein. Doch will ich hier gleich darauf hinweisen, dass Wilkie Collins in seinem neuesten Roman „Heart and Science" wieder den Ton jenes früheren Werkes angeschlagen hat. Beide Romane behandeln das Thema der Erziehung und führen scharfe satirische Hiebe gegen herrschende Vorurteile; beide setzen der Satire und dem Pathos der Entrüstung einen köstlichen Humor und ein liebevolles Versenken in das Detail entgegen.

Der Inhalt lässt sich diesmal kurz wiedergeben, und das ist ein gutes Zeichen!

Der herzensgute Maler Valentine Blyth hat in einem Zirkus ein schwärmerisches Interesse für ein taubstummes Mädchen gefasst, welches von der Frau eines Clowns der sterbenden Mutter auf der Landstraße abgenommen, und von ihr aufgezogen wurde. Blyth überredet die brave Pflegemutter Mrs. Beckover, ihm das Mädchen zur weiteren Erziehung zu überlassen. Er bringt es in Triumph seiner gelähmten, kinderlosen Frau nach Hause und die kleine Taubstumme, des eigentümlichen Charakters ihrer Schönheit wegen Madonna genannt, ist fortan die Quelle reinsten Glückes für die Adoptiveltern. Sie wächst zu einer herrlichen Jungfrau heran, ohne dass über das Dunkel ihrer Herkunft das geringste Licht verbreitet würde. In dem Hause des Malers verkehrt auch der Sohn eines jener rigorosen, freudlosen, bigotten Engländer, der trotz der strengen Erziehung nach den Prinzipien seines Vaters ein recht jugendtoller, leichtsinniger junger Mann geworden ist und der sich bei dem gutmütigen Blyth und seinen Damen Rat und Trost erholt, so oft er durch seinen Leichtsinn in die Tinte gerät. Dieser verunglückte Musterknabe, Jack Thorpe genannt, erwirbt sich durch seinen pugilistischen Beistand bei Gelegenheit einer großartigen Schlägerei die Freundschaft eines höchst wunderlichen Originals, das sich vorläufig nur Mat nennt. Dies ist ein Deserteur der Marine, welcher nach langen abenteuerlichen Wanderungen durch Amerika, auf welchen er seinen Skalp eingebüßt hat, wieder „to the old country" zurückkehrt, um sich nach seinen Verwandten umzusehen. Durch sein Zusammentreffen mit Madonna und allerlei andere Umstände bringt Mat heraus, dass jene das uneheliche Kind seiner verstorbenen Schwester ist, die einzig Lebende seiner ganzen Familie. Er schwört dem Verführer der einst von ihm sehr geliebten Schwester fürchterliche Rache. Als ihm aber der Zufall entdeckt, dass niemand anders als der alte sittenstrenge Thorpe der Verführer gewesen sei, begnügte er sich aus Liebe zu Jack mit dem offenen Geständnis und der aufrichtigen Reue des Schuldigen und alles endet in schönster Harmonie.

Die Charakteristik in diesem Werke ist durchweg allerersten Ranges. Die Figuren sind realer als die Dickensschen, weil der Humor Collins' doch nicht so souverän mit ihnen umzugehen wagt, als der seines Meisters. Einige Situationen dagegen stehen ähnlichen bei Dickens an grotesker Komik und köstlicher Anschaulichkeit kaum nach. Ich nenne als eine solche z.B. das Abendessen, zu welchem Mat und Jack ihren Freund Blyth in ihre unzivilisierte Behausung geladen haben, und die lebhaft an ähnliche Szenen in Dombey and Son und Martin Chuzzlewit erinnert.

Von schlagender Lebenswahrheit ist auch Jacks Verhalten unter den väterlichen „Tribulations", seine nächtlichen Exkursionen und seine polternde, übermütig lustige Redeweise beschrieben. Der ärgste Griesgram, der verstockteste Philister wird sich kaum enthalten können, über die gloriose Schilderung der folgenreichen Heimbringung von Jacks erstem ungeheuren Affen herzlich zu lachen.

Es ist nicht möglich, auf alle die gleich köstlichen Beobachtungen und vollkommen gelungenen Schilderungen hier hinzuweisen, ich fände sonst nicht sobald ein Ende. Das unterscheidende Merkmal dieses Buches vor anderen ist die lichte Sonnenbeleuchtung, die versöhnliche Stimmung und der gesunde Hauch der sympathischen Tendenz, welcher es durchweht.

Trotzdem in Hide and Seek ein uneheliches Kind, eine Schlägerei in einem Café chantant gemeinster Art, und die zoologisch treue Beschreibung eines Katers vorkommen, ist dieser Roman doch gerade derjenige, welcher auch der Jugend ohne Bedenken in die Hände gegeben werden kann, denn er ist gesund und glücklich durch und durch – gedacht wie ausgeführt.

Zu denjenigen Werken, welche in die Übergangsperiode der Entwicklung unseres Autors fallen, ist auch „The Dead Secret" (Ein tiefes Geheimnis) zu zählen, indem dasselbe einerseits bereits die ganze Virtuosität in der Kunst der Spannung und Fabelführung zeigt, andererseits noch den früheren Werken ähnlich, durch größere Breite der Ausführung und behagliches Verweilen bei Detailschilderung von Charakteren und Situationen sich auszeichnet. Außer der großen Spannung, welche das Geheimnis durch seine geschickte Verbergung erregt, bestehen die Vorzüge dieses Romans hauptsächlich in der glücklichen Mischung von sympathischen und unsympathischen Charakteren und der liebevollen, höchst gelungenen Ausführung derselben. Wir begegnen unter denselben sogar einigen Figuren, welche für die Handlung bedeutungslos sind und nur den Zweck haben, zur Staffage in einem humorvollen Genrebild zu dienen. Dergleichen findet sich in den späteren Werken nie.

Die Handlung dreht sich um Folgendes: Die kinderlose Mrs. Treverton begeht mithilfe ihrer Zofe Sarah in Abwesenheit ihres Gatten den Betrug, ein natürliches Kind der letzteren als ihr eigenes unterzuschieben. Auf ihrem Sterbebette zwingt sie Sarah, das Bekenntnis ihrer Schuld niederzuschreiben und nimmt ihr den Schwur ab, dasselbe weder zu zerstören noch aus dem Hause zu bringen. Sie stirbt jedoch, ehe Sarah noch geschworen hat, das Papier wirklich ihrem Gemahl zu übergeben. Durch Verbergen desselben in einem Zimmer des verlassenen Teils des Schlosses glaubt sie ihren Schwur erfüllt zu haben und flieht aus dem Schlosse, ohne eine Spur zu hinterlassen. Ihre Tochter Rosamunde wächst als Erbin jenes Schlosses und der dazugehörigen Besitzung auf und heiratet einen blinden, reichen Mann, welcher beschließt, jenen verfallenen Teil des Schlosses wieder ausbauen zu lassen. Sarah, welche durch einen Zufall dazu kommt, die Krankenwärterin ihrer Tochter zu werden, erfährt dies und warnt dieselbe unbesonnenerweise vor dem Betreten des Zimmers, welches das Geheimnis verbirgt. Dadurch wird natürlich Rosamundes Neugier aufs Höchste erregt und sie bietet alles auf, um jenes Zimmer ausfindig zu machen. Andererseits sieht Sarah sofort ein, welchen Missgriff sie getan und versucht mithilfe ihres liebevollen, aber höchst unpraktischen Onkels deutscher Abkunft, das Papier vor der Ankunft der jungen Herrin in ein anderes Versteck zu bringen. Diese Absicht wird jedoch vereitelt und Rosamunde entdeckt nach Überwindung mancherlei Schwierigkeiten das Geheimnis ihrer Geburt. Weit davon entfernt, ihrer unglücklichem Mutter zu zürnen, eilt sie vielmehr sofort an das Krankenlager derselben, um ihr die letzten Stunden zu versüßen, während ihr vortrefflicher Gemahl keinen Augenblick zögert, das Erbe seiner Frau dem rechtmäßigen Besitzer, dem menschenfeindlichen Bruder des verstorbenen Kapitän Treverton auszuliefern. Dieser wird durch solche unerhörte Ehrlichkeit in seinem Menschenhass wankend gemacht und verzichtet auf das Besitztum. So endet alles in schönster Harmonie.

Wie schon oben bemerkt, ist dieser Roman in der Ausführung der Charaktere einer der Besten. So z.B. ist die Einwirkung des drückenden Geheimnisses auf Sarahs, der Heldin, weiches Gemüt und widerstandslosen Geist mit überzeugender Wahrheit dargetan. Rosamunde und ihr Gemahl sind ein ungemein liebenswürdiges Paar, besonders nimmt Rosamunde den Leser durch ihr Wesen gefangen, welches mit seinem ernsten Eifer, seiner entzückenden Zärtlichkeit und seiner übersprudelnden Heftigkeit eine höchst anziehende Verquickung ergibt.

Ferner ist Sarahs deutscher Onkel, Joseph Buschmann, eine der glücklichsten Schöpfungen unseres Autors. Der alte herzensgute Mann mit seiner Naivität, seiner Aufopferung für seine unglückliche Nichte, seinem Humor und seiner Liebe zu seiner alten Spieluhr gewinnt jedes Lesers Herz. Am glänzendsten zeigt er sich im fünften und sechsten Kapitel des zweiten Bandes, wo er dem lächerlichen und anmaßenden Kastellan, Mr. Munder, als Diplomat entgegentritt. – Am frappantesten charakterisiert sind jedoch diejenigen Figuren, welche wenig oder gar nichts mit der Handlung zu tun haben und gerade deshalb vom Autor mit umso größerem Behagen an seinem eigenen Witz gezeichnet werden. Man lese nur z.B. das höchst komische Signalement des Mr. Phippen und der Gouvernante Mrs. Sturch.

Der Gast war ein alter Universitätsfreund des Pfarrers und verweilte jetzt, wie man annahm, um seiner Gesundheit willen in Long Beckley. Die meisten Menschen von irgendwelchem Charakter wissen sich einen Ruf von irgendeiner Art zu erwerben, der sie in dem geselligen Zirkel, in welchem sie sich bewegen, individualisiert. Mr. Phippen war ein Mann von einigem Charakter und lebte in der Wertschätzung seiner Freunde auf den Ruf hin, ein Märtyrer von Verdauungsbeschwerden zu sein, mit großer Auszeichnung. Überall wohin Mr. Phippen ging, dahin gingen auch die Leiden seines Magens mit ihm. Er übte öffentliche Diät und kurierte sich öffentlich. Er war mit sich selbst und seinen Krankheiten so unausgesetzt beschäftigt, dass er einen zufälligen Bekannten binnen fünf

Minuten schon in die Geheimnisse der Beschaffenheit seiner Zunge einweihte, und ganz ebenso fortwährend bereit war, den Zustand seiner Verdauung zu besprechen, wie die Leute im Allgemeinen bereit sind, den Zustand des Wetters zu erörtern.

Über dieses Lieblingsthema sprach er wie über jedes andere in freundlich sanfter Weise, zuweilen in wehmütigem, zuweilen auch in sentimental schmachtendem Tone. Seine Höflichkeit war von der drückend liebreichen Sorte und er machte, wenn er andere Leute anredete, fortwährend von dem Worte „Lieber" Gebrauch.

Was sein Äußeres betraf, so konnte man ihn nicht einen schönen Mann nennen. Seine Augen waren wässerig, groß und hellgrau und rollten in einem Zustande feuchter Bewunderung irgendeines Gegenstandes oder einer Person fortwährend von einer Seite zur andern. Seine Nase war lang, herabhängend und tief melancholisch, wenn in Bezug auf dieses Glied ein solcher Ausdruck statthaft ist. Übrigens hatten seine Lippen eine weinerliche Krümmung, seine Gestalt war klein, sein Kopf groß, kahl und locker zwischen den Schultern sitzend, seine Art sich zu kleiden ein wenig exzentrisch elegant, sein Alter ungefähr fünfundvierzig Jahre, sein Stand der eines ledigen Mannes.

Dies war Mr. Phippen, der Märtyrer der Verdauungsbeschwerden und Gast des Pfarrers von Long Beckley.

Miss Sturch, die Gouvernante, kann kurz und genau als eine junge Dame beschrieben werden, welche seit dem Tage ihrer Geburt niemals durch eine Idee oder eine Empfindung belästigt worden. Sie war ein kleines, feistes, ruhiges, weißes, lächelndes, nett gekleidetes Mädchen, genau zur Verrichtung gewisser Pflichten zu gewissen Stunden aufgezogen und im Besitz eines unerschöpflichen Wörterbuchs von Gemeinplätzen, welche, so oft es verlangt ward, stets in derselben Qualität zu jeder Stunde des Tages und zu jeder Jahreszeit freundlich von ihren Lippen rieselten. Miss Sturch lachte nie und weinte nie, sondern wählte den sichern Mittelweg, fortwährend zu lächeln. Sie lächelte, wenn sie des Morgens im Januar aus ihrem Schlafzimmer herunterkam und sagte, es wäre sehr kalt. Sie lächelte, wenn sie an einem Morgen im Juli herunterkam und sagte, es sei sehr heiß. Sie lächelte, wenn der Bischof einmal des Jahres sich einfand, um den Vikar zu besuchen; sie lächelte, wenn der Fleischerjunge jeden Morgen kam, um Bestellungen zu holen. Sie lächelte, wenn Miss Louise an ihrer Brust weinte und wegen ihrer Fehler in der Geographie um Nachsicht flehte; sie lächelte, wenn Master Robert ihr auf den Schoß sprang und ihr befahl, ihm das Haar zu bürsten. Es mochte im Pfarrhause geschehen, was da wollte, so war nichts imstande, Miss Sturch aus dem einen glatten Gleise herauszuwerfen, in welchem sie sich fortwährend und stets in demselben Schritt hin- und herbewegte. Hätte sie während der Bürgerkriege in England in einer Royalistenfamilie gelebt, so hätte sie am Morgen der Hinrichtung Karls des Ersten dem Koche geklingelt, um das Mittagsmahl zu bestellen. Wäre Shakespeare wieder zum Leben erwacht und hätte er an einem Sonnabend abends sechs Uhr in dem Pfarrhause vorgesprochen, um Miss Sturch genau zu erklären, mit welchen Ideen er sich bei dem Verfassen des Trauerspiels Hamlet getragen, so hätte sie gelächelt und gesagt, es sei dies außerordentlich interessant, bis es sieben Uhr geschlagen, wo sie den Barden von Avon gebeten hätte, sie zu entschuldigen, um dann mitten in einem Redesatze fortzulaufen und die Hausmagd bei Vergleichung des Waschbuches zu beaufsichtigen.

Eine sehr achtungswerte junge Person war Miss Sturch, wie die Damen von Long Beckley zu sagen pflegten, so umsichtig mit den Kindern und so treu in Erfüllung ihrer häuslichen Pflichten, von guten Grundsätzen beseelt und eine Pianistin mit markigem Anschlage, gerade hübsch genug, gerade gut genug gekleidet, gerade redselig genug, vielleicht nicht ganz alt genug und vielleicht ein wenig allzu sehr zu einer zu Umarmungen verlockenden Korpulenz um die Taille herum geneigt – im ganzen genommen aber eine sehr schätzenswerte junge Person.

Ebenso ist die Figur des Menschenfeindes, Andrew Treverton, und die Schilderung seines Eremitenhaushaltes in Gemeinschaft mit seinem Gesinnungsgenossen Shrowl ein höchst effektvolles Capriccio der Phantasie und es lohnt sich, einen Abschnitt aus dem betreffenden Kapitel (dem sechsten des ersten Bandes) hier anzuführen:

Timon von London

Timon von Athen zog sich von der undankbaren Welt in eine Grotte am Meeresstrande zurück. Timon von London flüchtete sich vor seines Gleichen in ein vereinzelt stehendes Haus in Bayswater.

Timon von Athen machte seiner Misanthropie in prachtvollen Versen Luft – Timon von London gab seine Gefühle und Meinungen in schäbiger Prosa zu erkennen.

Timon von Athen hatte die Ehre, „mein hoher Herr" genannt zu werden – Timon von London ward nur als „Mr. Treverton" angeredet.

Die einzige Ähnlichkeit, welche diesen mehrfachen Kontrasten zwischen den beiden Timons entgegengesetzt werden konnte, bestand darin, dass ihre Menschenfeindlichkeit wenigstens echt war. Beide waren unverbesserliche Menschenhasser.

Andrew Trevertons Charakter hatte von seiner Kindheit an jene stark unterscheidenden, einander widerstreitenden und oft in Konflikt geratenden Kennzeichen von Gut und Schlecht dargeboten, welche die Sprache der Welt nach ihrer sorglosen verächtlichen Weise in das einzige Wort exzentrisch zusammenfasst.

Es gibt wahrscheinlich keinen bessern Beweis von der Richtigkeit jener Definition vom Menschen, welche ihn als ein nachahmendes Tier beschreibt, als den, der in der Tatsache liegt, dass das Urteil der Welt stets gegen jedes einzelne Individuum gerichtet ist, welches sich herausnimmt, von den übrigen abzuweichen.

Ein Mensch ist ein Bestandteil einer Herde und seine Wolle muss von der allgemeinen Farbe sein. Er muss trinken, wo die übrigen trinken, und grasen, wo die übrigen grasen. Wenn die andern durch einen Hund erschreckt werden und fortrennend mit dem rechten Beine zuerst die Flucht ergreifen, so muss auch er durch einen Hund erschreckt werden und bei der Flucht sich ebenfalls des rechten Beins zuerst bedienen. Erschrickt er nicht oder ergreift, wenn er auch erschrickt, doch die Flucht nicht in derselben Weise wie die übrigen, so wird dies sofort als ein Beweis betrachtet, dass es mit ihm nicht ganz richtig ist.

Es gehe nur einer mittags mit vollkommener Gelassenheit in seinen Mienen und ganz anständig in seinem Benehmen, ohne den mindesten Anschein von Geistesverwirrung in seinen Augen oder in seinem Wesen, aber ohne Hut, von dem einen Ende der Oxford Street bis zum andern, und man frage dann einen Jeden der Tausende von Hut tragenden Leuten, an welchen er vorübergeht, was sie von ihm denken. Wie viele werden sich dann wohl enthalten, sofort zu erklären, er sei übergeschnappt, obschon sie keinen andern Beweis dafür haben als seinen unbedeckten Kopf?

Ja, noch mehr – man lasse ihn höflich einen jeden dieser Vorübergehenden anreden und ihm in den schlichtesten Worten und in der verständigsten Weise auseinandersetzen, dass sein Kopf sich ohne Hut weit leichter und behaglicher fühlt als mit einem solchen, wie viele seiner Mitmenschen, welche bei der ersten Begegnung mit ihm erklärten, er sei übergeschnappt, werden, nachdem sie diese Erklärung vernommen, anderer Meinung sein, wenn sie sich von ihm trennen? In der überwiegenden Mehrheit der Fälle würde die Erklärung selbst als ein ganz vortrefflicher neuer Beweis betrachtet werden, dass der Verstand des hutlosen Mannes unbestreitbar gelitten habe.

Da Andrew Treverton gleich beim Beginn des Lebensmarsches mit der übrigen Mannschaft des sterblichen Regiments nicht Schritt hielt, so musste er auch gleich von seinen frühesten Tagen an die Strafe für diese Unregelmäßigkeit bezahlen. In der Kinderstube war er ein Phänomen, in der Schule eine Zielscheibe und auf der Universität ein Schlachtopfer. Die unwissende Kindermagd erklärte ihn für ein „putziges Kind"; der gelehrte Schulmeister drückte die Sache etwas artiger aus und schilderte ihn als einen exzentrischen Knaben; der Studienmeister auf der Universität blies ebenfalls mit in das Horn der Andern, verglich aber witzigerweise Andrews Kopf mit einem Dach und sagte, es müsse einen Sparren zu viel haben. Wenn aber ein Dach einen Sparren zu viel hat und derselbe ist nicht gehörig fest gemacht, so muss er zuletzt herunterfallen. An dem Dache eines Hauses betrachten wir, wenn so etwas passiert, dies als eine notwendige Folge von Vernachlässigung; an dem Dache eines Menschenkopfes dagegen werden wir dadurch in der Regel sehr in Erstaunen und Schrecken gesetzt.

Nach einigen Richtungen hin übersehen und in anderen falsch geleitet, versuchten Andrews ungeschlachte Fähigkeiten zum Guten sich in hilfloser Weise selbst zu gestalten.

Die bessere Seite seiner Exzentrizität nahm die Form von Freundschaft an. Er fühlte sich auf ganz unerklärliche Weise zu einem seiner Schulkameraden hingezogen – einem Knaben, der ihm auf dem Spielplatz keine besondere Rücksicht angedeihen ließ und ihm auch in der Schule selbst von keinem besondern Nutzen war.

Niemand konnte auch nur den mindesten Grund zu dieser Freundschaft entdecken, nichtsdestoweniger aber war es eine notorische Tatsache, dass Andrews Taschengeld diesem Knaben stets zu Diensten stand, dass Andrew hinter ihm herlief wie ein Hund und dass Andrew sehr häufig die Schuld und Strafe, welche seinen Freund hätte treffen sollen, auf sich selbst nahm.

Als einige Jahre später dieser Freund auf die Universität ging, bat Andrew darum, auch auf die Universität geschickt zu werden, und attachierte sich hier enger als je an den seltsam gewählten Kameraden seiner Schulzeit.

Eine solche Anhänglichkeit hätte Jeden rühren müssen, der nur einen gewöhnlichen Grad von edler Denkweise besessen hätte; auf die von Haus aus gemeine Natur des unwürdigen Freundes aber machte sie durchaus keinen Eindruck.

Nach dreijährigem Umgang auf der Universität – einem Umgang, der auf der einen Seite nur Egoismus und auf der andern nur Selbstverleugnung war – kam das Ende und es begann vor Andrews Augen grausam zu tagen. Als seine Börse in der Hand seines Freundes leicht ward, als die Akzepte, welche er den Wechseln seines Freundes gegeben, am zahlreichsten waren, überließ der Bruder seiner redlichen Zuneigung, der Held seiner schlichten Bewunderung ihn der Verlegenheit, dem Spott und der Einsamkeit, ohne auch nur den mindesten Schein von Reue zu heucheln, ja sogar ihm ein Wort des Lebewohls zu sagen.

Andrew kehrte, nachdem ihm auf diese Weise das Leben schon beim Beginn desselben verbittert worden, in das Haus seines Vaters zurück – er kehrte zurück, um sich Vorwürfe über die Schulden machen zu lassen, die er kontrahiert, um einem Menschen zu dienen, der ihn auf die herzloseste Weise gemissbraucht und schamlos betrogen hatte.

Er verließ, mit der Ungnade seines Vaters belastet, das Haus, um mit einem geringen Taschengeld auf Reisen zu gehen. Die Reisen dauerten lange und endeten, wie dies mit solchen Reisen oft der Fall ist, mit förmlicher Entfremdung vom Vaterlande. Das Leben, welches er während seines langen Verweilens im Auslande führte, die Gesellschaft, mit welcher er umging, äußerten eine dauernde, nachteilige Wirkung auf ihn.

Als er endlich nach England zurückkam, trat er in der hoffnungslosesten aller Rollen auf – in der Rolle eines Menschen, der an nichts glaubt. Zu dieser Zeit seines Lebens lag die einzige Möglichkeit einer glücklichen Zukunft für ihn in den guten Wirkungen, welche vielleicht der Einfluss seines Bruders auf ihn äußern konnte.

Kaum aber hatten die beiden Brüder ihren frühern Umgang wieder aufgenommen, so ward demselben durch den Zwist, welchen Kapitän Trevertons Vermählung veranlasste, auf immer ein Ende gemacht.

Von dieser Zeit an war Andrew für alle geselligen Interessen und Zwecke ein verlorener Mann. Von dieser Zeit an setzte er den letzten Vorstellungen, die ihm von den letzten Freunden, die sich für ihn interessierten, gemacht wurden, stets eine und dieselbe bittere und hoffnungslose Antwort entgegen.

„Mein liebster Freund verließ und betrog mich", pflegte er zu sagen. „Mein einziger Bruder hat sich um einer Komödiantin willen mit mir veruneinigt. Was kann ich nach diesen Erfahrungen wohl von der übrigen Menschheit erwarten? Ich habe für meinen Glauben an Andere zweimal gebüßt – ich will nicht zum dritten Male dafür büßen. Der Klügste ist der, welcher sein Herz in seiner naturgemäßen Beschäftigung, Blut durch den Körper zu pumpen, nicht stört. Ich habe meine Erfahrungen in der Fremde und daheim gesammelt und genug gelernt, um die Täuschungen des Lebens zu durchschauen, welche den Augen anderer Menschen wie Wirklichkeit erscheinen, den meinigen aber sich schon vor Jahren in ihrer wahren Gestalt gezeigt haben. Meine Aufgabe in dieser Welt ist Essen, Trinken, Schlafen und Sterben. Alles andere ist Überfluss und ich habe nichts damit zu schaffen."

Die wenigen Leute, welche sich, nachdem sie durch ein solches Geständnis zurückgeschreckt worden, die Mühe nahmen, sich wieder nach ihm zu erkundigen, hörten drei oder vier Jahre nach der Vermählung seines Bruders, dass er in der Nähe von Bayswater lebte.

Das Gerücht erzählte, er habe das erste beste Haus gekauft, welches durch eine ringsherum führende Mauer von allen andern Häusern abgeschnitten sei. Ferner erzählte man, er lebe wie ein Geizhals; er habe einen alten Diener namens Shrowl, der sogar ein noch größerer Menschenfeind sei als er selbst; er lasse keine lebende Seele, nicht einmal dann und wann eine Scheuerfrau, sein Haus betreten; er lasse sich den Bart wachsen und habe seinem Diener Shrowl befohlen, seinem Beispiele zu folgen.

Im Jahre 1844 ward die Tatsache, dass ein Mann sich nicht rasierte, von der aufgeklärten Mehrheit der englischen Nation als ein Beweis von Mangel an gesundem Verstand betrachtet. Gegenwärtig würde Mr. Trevertons Bart bloß seinem guten Rufe als achtbarer, solider Mann im Wege gestanden haben. Zu jener Zeit aber ward er als ein neuer Beweis der frühern Behauptung betrachtet, dass es mit ihm nicht ganz richtig sei.

Dennoch war er gerade zu dieser Zeit, wie sein Makler hätte bezeugen können, einer der gewandtesten und schlauesten Geschäftsleute in London; er verstand die falsche Seite jeder beliebigen Frage mit einem Aufwand von Sophistik und Sarkasmen zu verteidigen, um welche ihn selbst Doktor Johnson beneidet haben würde; er hielt seine Bücher bis auf den Heller in der strengsten Ordnung; sein Tun und Wesen zeigte von früh an bis abends niemals etwas Außergewöhnliches; seine Augen waren der verkörperte Scharfblick – aber was nützten ihm in dem Urteil seiner Nachbarn alle diese vortrefflichen Eigenschaften, da er sich herausnahm, auf einem andern Fuße zu leben als sie und während er ein haariges Wahnsinnszeugnis am untern Teile seines Gesichts trug?

Wir haben in Bezug auf teilweise Duldung von Bärten seit jener Zeit einen kleinen Fortschritt gemacht, aber es bleibt uns immer noch ein bedeutender Weg zurückzulegen. Würde wohl selbst jetzt der zuverlässigste Komptoirist eines Bankiers in der ganzen Hauptstadt auch nur die entfernteste Aussicht haben, seine Stelle zu behalten, wenn er aufhörte, sein Kinn zu rasieren?

Das gemeine Gerücht, welches Mr. Treverton als Wahnsinnigen verleumdete, hatte, indem es ihn als einen Geizhals schilderte, einen zweiten Irrtum zu verantworten. Er sparte mehr als zwei Dritteile des Einkommens von seinem ziemlich bedeutenden Vermögen, aber nicht weil er Gefallen daran gefunden hätte, Geld zusammenzuscharren, sondern weil er an den Bequemlichkeiten und Luxusgenüssen, auf welche man Geld zu verwenden pflegt, keinen Genuss fand. Wir müssen ihm die Gerechtigkeit widerfahren lassen zu sagen, dass seine Verachtung seines eigenen Reichtums ebenso aufrichtig war wie die des Reichtums seiner Nachbarn.

Indem auf diese Weise das Gerücht bei Schilderung seines Charakters nach diesen beiden Seiten hin die Unwahrheit sprach, hatte es doch wenigstens in einer Beziehung sehr inkonsequenterweise Recht, nämlich bei der Schilderung seiner Lebensweise.

Es war vollkommen gegründet, dass er das erste beste Haus gekauft, welches innerhalb seiner eigenen Mauern abgeschlossen war – es war begründet, dass niemandem unter irgendeinem Vorwand gestattet war, seine Schwelle zu überschreiten, und ebenso war es auch begründet, dass er in Mr. Shrowls Person einen Diener gefunden, der gegen die ganze Menschheit von noch bittererem Groll erfüllt war als er selbst.

Das Leben, welches diese beiden Männer führten, kam der Existenz des Urmenschen oder Wilden so nahe, als die sie umgebenden Verhältnisse der Zivilisation gestatteten. Die Notwendigkeit des Essens und Trinkens zugebend, setzte Mr. Treverton seinen Ehrgeiz vor allen Dingen darein, das Leben mit so wenig Abhängigkeit als möglich von der Menschenklasse zu erhalten, welche ein Geschäft daraus machte, für die körperlichen Bedürfnisse ihrer Nächsten zu sorgen und die, wie er glaubte, ihn eben aufgrund ihres Berufes hin auf die nichtswürdigste Weise betrog.

Da Timon von London auf der hintern Seite des Hauses einen Garten hatte, so machte er den Gemüsehändler ganz entbehrlich, indem er seinen Kohl selbst baute. Um Weizen zu bauen, hatte er nicht Land genug, sonst wäre er auch für sein alleiniges Bedürfnis Ackersmann geworden, wohl aber konnte er den Müller und den Bäcker dadurch überlisten, dass er einen Sack Getreide kaufte, dasselbe auf seiner Handmühle mahlte und das Mehl dann von Shrowl zu Brot backen ließ.

Nach demselben Prinzip ward das Fleisch von den Händlern der City im Ganzen gekauft, Herr und Diener aßen dann so viel als möglich in frischem Zustand, salzten das übrige ein und schlugen auf diese Weise den Fleischern ein Schnippchen.

Was das Getränk betraf, so hatte weder Brauer noch Schenkwirt jemals Aussicht, auch nur einen Heller aus Mr. Trevertons Tasche zu locken. Er und Shrowl begnügten sich mit Bier, und dies brauten sie selbst. Mit Brot, Gemüse, Fleisch und Malzextrakt erreichten diese beiden Eremiten der Neuzeit den großen Doppelzweck, das Leben im Körper und die Handelsleute außer dem Hause zu halten.

Wie Urmenschen essend, lebten sie auch in allen andern Beziehungen wie Urmenschen. Sie hatten Töpfe, Pfannen und Tiegel, zwei einfache hölzerne Tische, zwei Stühle, zwei alte Sofas, zwei kurze Pfeifen und zwei lange Mäntel. Dagegen hatten sie keine selbstbestimmten Essenszeiten, keine Fußteppiche und Bettstellen, keine Schränke, Büchergestelle oder zur Ausschmückung dienender Firlefanz irgendwelcher Art, keine Wäscherin und keine Scheuerfrau. Wenn einer von den beiden zu essen und zu trinken wünschte, schnitt er sich seine Brotrinde ab, kochte sich sein Stück Fleisch und zapfte sich seine Quantität Bier vom Fasse, ohne sich im Mindesten um den andern zu kümmern. Wenn einer von den beiden glaubte, er brauche ein reines Hemd, was sehr selten der Fall war, so ging er und wusch sich eins. Wenn einer von den beiden entdeckte, dass irgendein Teil des Hauses sehr schmutzig würde, so nahm er einen Eimer Wasser und einen Rutenbesen und säuberte die betreffende Lokalität wie einen Hundestall. Und endlich, wenn einer von den beiden Lust zu schlafen hatte, so wickelte er sich in seinen Mantel und legte sich auf eins der Sofas und genoss so viel Ruhe als ihm beliebte, früh am Abend oder spät des Morgens, ganz wie es ihm gutdünkte.

Wenn es nichts zu backen, zu brauen, zu pflanzen oder zu säubern gab, so setzten sich die beiden einander gegenüber und rauchten stundenlang, meistenteils ohne ein Wort zu sprechen. Sprachen sie ja miteinander, so stritten sie sich. Ihr gewöhnliches Gespräch war eine Art Wettkampf, der mit einer sarkastischen Erheuchelung von Wohlwollen auf beiden Seiten begann und mit dem heftigsten Austausch giftiger Schmähungen endete, gerade so wie Boxer erst heuchlerischerweise die Formalität durchmachen, einander die Hand zu drücken, ehe sie die ernste praktische Aufgabe beginnen, einander so zuzurichten, dass ihr Gesicht keine Ähnlichkeit mehr mit dem eines Menschen hat.

Da Shrowl nicht mit so vielen nachteiligen Folgen von Bildung und Erziehung zu kämpfen hatte wie sein Herr, so gewann er bei diesen Wettkämpfen gewöhnlich den Sieg. Überhaupt war er, obschon dem Namen nach der Diener, doch eigentlich der herrschende Geist im Hause und erlangte schrankenlosen Einfluss auf seinen Herrn dadurch, dass er diesen in jeder Beziehung auf seinem eigenen Terrain überholte.

Shrowls Stimme war die raueste; Shrowls Ausdrücke waren die bittersten und Shrowls Bart war der längste. Hätte jemand Mr. Treverton beschuldigt, dass er im Stillen den Meinungen seines Dieners nachgäbe und das Missfallen desselben fürchte, so würde er diese Beschuldigung mit der größten Entrüstung zurückgewiesen haben. Nichtsdestoweniger aber war es vollkommen wahr, dass Shrowl im Hause die Oberhand behauptete und dass seine Entscheidung über jede wichtige Angelegenheit sicherlich dieselbe war, zu welcher früher oder später sein Herr ebenfalls gelangte.

Die sicherste von allen Vergeltungen ist die, welche den Prahler erwartet. Mr. Treverton prahlte gern mit seiner Unabhängigkeit, und wenn die Vergeltung ihn ereilte, so nahm sie Menschengestalt an und führte den Namen Shrowl.

An einem gewissen Morgen, ungefähr drei Wochen nachdem Mistress Frankland an die Haushälterin in Porthgenna Tower geschrieben, um die Zeit zu melden, zu welcher sie mit ihrem Gemahl dort zu erwarten wäre, stieg Mr. Treverton mit seinem sauersten Gesicht und in der menschenfeindlichsten Laune aus den obern Regionen seines Hauses in eins der Parterrezimmer herab, welches zivilisierte Bewohner wahrscheinlich das Empfangszimmer genannt haben würden.

Gleich seinem ältern Bruder war er ein langer, gut gewachsener Mann, sein hageres, fahles Gesicht aber hatte mit dem schönen, offenen, sonnverbranntem Antlitz des Kapitäns nicht die mindeste Ähnlichkeit. Niemand, der sie beisammen gesehen, hätte erraten können, dass sie Brüder waren – so vollständig waren sie in Bezug auf den Ausdruck und die Züge des Gesichts voneinander verschieden.

Die bittern Erfahrungen, welche der jüngere Bruder in seiner Jugend gemacht, das unstete, ausschweifende Leben, welches er im Mannesalter geführt, die ärgerliche, unzufriedene Stimmung und die physische Erschöpfung seiner spätern Lebenstage hatten ihn so abgezehrt, dass er fast um zwanzig Jahre älter aussah als der Kapitän. Mit ungekämmtem Haar und ungewaschenem Gesicht, mit verworrenem grauen Bart und in einem alten gestickten, schmutzigen Flanellschlafrock, der um ihn herumschlotterte wie ein Sack, sah dieser Sprössling einer reichen alten Familie aus, als ob sein Geburtsort das Armenhaus und sein Lebensberuf der Handel mit alten Kleidern gewesen wäre.

Es war bei Mr. Treverton Frühstückszeit – das heißt, es war die Zeit, zu welcher er sich hungrig genug fühlte, um daran zu denken, etwas zu essen. An demselben Platze über dem Kaminsims, an welchem in einem einigermaßen kultivierten Hause ein Spiegel gehangen haben würde, hing in dem Hause Timons von London eine Speckseite. Auf dem Tisch am Kaminfeuer lag ein halbes Laib schwammig aussehenden braunen Brotes; in einer Ecke des Zimmers lag ein Fass Bier mit zwei alten zinnernen Kannen an in der Wand oben darüber eingeschlagenen Nägeln, und unter dem Herd des Kamins lag ein verräucherter alter Bratrost gerade noch so, wie er, nachdem er zum letzten Male Dienst geleistet, hingeworfen worden.

Mr. Treverton nahm ein schmieriges Einschlagemesser aus der Tasche seines Schlafrocks, schnitt ein Stück Speck ab, setzte den Bratrost über das Feuer und begann sein Frühstück zu bereiten.

Eben hatte er die Speckschnitte umgewendet, als die Tür sich öffnete und Shrowl mit der Pfeife im Munde ins Zimmer trat, um dieselbe Verrichtung vorzunehmen, welcher sein Herr oblag.

Was das Äußere betraf, so war Shrowl klein, dick, aufgedunsen und vollkommen kahl, ausgenommen an der Hinterseite seines Kopfes, wo ein Ring borstigen, eisengrauen Haares hervorragte wie ein in Unordnung geratener schmutziger Hemdkragen. Um den Mangel an Haar zu ersetzen, wuchs der Bart, den er auf Wunsch seines Herrn kultivierte, weit über das Gesicht hinweg und fiel in zwei zottigen Spitzen bis auf die Brust herab.

Er trug einen sehr alten langschößigen Schlafrock, den er einmal hundebillig auf dem Trödelmarkt gekauft, ein verschossenes gelbes Hemd mit einer breiten zerrissenen Brustkrause, an den Knöcheln aufgeschlagene Manchesterhosen und Halbstiefeln, die seit dem Tage, wo sie die Werkstatt des Schuhstickers verlassen, nie wieder gewichst worden waren.

Seine Farbe war krankhaft rot, seine dicken Lippen kräuselten sich mit boshaftem Feixen aufwärts und seine Augen hatten an Form und Ausdruck ungemein viel Ähnliches mit denen eines Spürhundes.

Ein Maler, welcher in dem Gesicht und der Gestalt eines und desselben Individuums gleichzeitig Kraft, Unverschämtheit, Hässlichkeit, Gemeinheit und Hinterlist auszudrücken gewünscht, hätte zu diesem Zweck in der ganzen Welt kein besseres Modell finden können als in der Person des würdigen Mr. Shrowl.

Weder Herr noch Diener wechselten bei der ersten Begegnung an diesem Tage ein Wort oder nahmen die mindeste Notiz voneinander. Shrowl blieb, mit den Händen in den Taschen träg zuschauend, stehen und wartete, bis für ihn Platz am Feuer würde.

Mr. Treverton trug, als er fertig war, seinen Speck auf den Tisch, schnitt sich eine Rinde Brot ab und begann nun zu frühstücken. Als er den ersten Bissen hinuntergewürgt hatte, ließ er sich herab, zu Shrowl aufzublicken, der in diesem Augenblick sein Taschenmesser öffnete und sich mit schlurfendem Tritt und schläfrig gierigen Augen ebenfalls der Speckseite näherte.

„Was soll das heißen?" fragte Mr. Treverton, indem er mit Entrüstung und Erstaunen auf Shrowls Brust zeigte. „Ihr dummer Kerl habt ja ein reines Hemd an!"

„Ich danke Ihnen, Sir, dass Sie Notiz davon nehmen", sagte Shrowl mit sarkastisch erheuchelter, übertriebener Demut. „Die Veranlassung dazu ist eine sehr freudige. Heute ist ja meines Herrn Geburtstag und da konnte ich unmöglich weniger tun als ein reines Hemd anziehen. Möge Ihnen dieser Tag noch oft wiederkehren, Sir! Vielleicht haben Sie geglaubt, ich würde nicht daran denken, dass heute Ihr Geburtstag sei? Gott segne Ihr gutes liebes Gesicht, ich würde so etwas unter keiner Bedingung vergessen haben. Wie alt werden Sie denn heute, Sir? Es ist nun eine hübsche Zeit her, Sir, seitdem Sie ein kleiner, freundlicher, dicker Junge waren mit einer Krause um den Hals und Marmorkügelchen in der Tasche und eingeknöpften Hosen und Küssen und Geschenken von Papa und Mama und Onkel und Tante an Ihrem Geburtstage. – Fürchten Sie nicht, dass ich dieses Hemd durch allzu häufiges Waschen abnutzen werde. Ich gedenke es in Lavendelkraut bis zu Ihrem nächsten Geburtstag oder auch zu Ihrem Leichenbegängnis aufzuheben, was in Ihrem Alter ebenso wahrscheinlich ist – meinen Sie nicht auch, Sir?"

„Verschwendet kein reines Hemd an mein Leichenbegängnis", entgegnete Mr. Treverton. „Ich habe Euch in meinem Testament kein Geld vermacht, Shrowl ! Wenn ich auf dem Wege nach dem Grabe bin, seid Ihr auf dem Wege nach dem Armenhaus."

„Haben Sie wirklich einmal Ihr Testament gemacht, Sir?" fragte Shrowl, indem er mit dem Anschein des größten Interesses im Abschneiden seiner Speckschnitte innehielt; „ich bitte gehorsamst um Verzeihung, aber ich glaubte immer, Sie scheuten sich es zu tun."

Der Diener hatte augenscheinlich mit Absicht eine der wunden Stellen seines Herrn berührt. Mr. Treverton schlug mit seiner Brotrinde auf den Tisch und sah Shrowl zornig an.

„Ich sollte mich scheuen, mein Testament zu machen, Ihr Narr!" sagte er. „Ich mache aus Grundsatz keins und werde keins machen."

Shrowl sägte langsam sein Stück Speck vollends los und begann eine Melodie zu pfeifen.

„Aus Grundsatz mache ich keins!" wiederholte Mr. Treverton. „Reiche Leute, welche Geld hinterlassen, sind die Säleute, welche die Saat menschlicher Verruchtheit ausstreuen. Wenn ein Mensch noch einen Funken Edelmut in seinem Gemüt hat und man denselben auszulöschen wünscht, so vermache man ihm etwas. Wenn ein Mensch schlecht ist und man ihn noch schlimmer zu machen wünscht, so setze man ihm ein Vermächtnis aus. Will man eine Anzahl Menschen zu dem Zweck,

Schlechtigkeit und Unterdrückung nach großartigem Maßstabe zu befördern, zusammenbringen, so mache man ein Vermächtnis in Form einer milden Stiftung. Wünscht man einem Mädchen die beste Möglichkeit von der Welt zu verschaffen, einen schlechten Mann zu bekommen, so setze man ihr ein Vermächtnis aus. Will man junge Männer ins Verderben stürzen, will man alte Männer zu Magneten machen, welche die niedrigsten Eigenschaften der Menschheit anziehen, wünscht man, dass Eltern und Kinder, Eheleute und Geschwister einander in die Haare fallen, so vermache man ihnen Geld. Ich sollte mein Testament machen? Ich kann die Menschen nicht leiden, Shrowl, das wisst Ihr, aber dennoch hasse ich sie noch nicht so sehr, dass ich ein solches Unheil unter ihnen anrichten möchte."

Nachdem Mr. Treverton mit diesen Worten seine Rede beendet, nahm er eine der alten zinnernen Kannen vom Nagel und erfrischte sich durch einen Trunk Bier.

Shrowl schob den Bratrost an eine reine Stelle im Feuer und kicherte sarkastisch vor sich hin.

„Wem zum Teufel sollte ich denn auch mein Geld vermachen?" hob Mr. Treverton wieder an. „Meinem Bruder, der mich jetzt für einen Unmenschen hält und mich dann für einen Narren halten und mein ganzes Geld mit Landstreicherinnen und Komödianten durchbringen würde? Oder dem Kinde jener Komödiantin, welches ich mit keinem Auge gesehen, welches erzogen ward, um mich zu hassen und welches sofort zum Heuchler werden würde, indem es des Anstandes wegen sich stellen müsste, als täte mein Tod ihm leid! Oder vielleicht Euch, Ihr menschlicher Pavian – Euch, der Ihr sofort ein Wuchergeschäft eröffnen und Witwen, Waisen und allen Unglücklichen überhaupt das Blut aussaugen würdet? Eure Gesundheit, Mr. Shrowl ! Ich kann ebenso gut lachen wie Ihr, besonders da ich weiß, dass ich Euch keinen Sixpence hinterlasse."

Shrowl begann seinerseits nun ein wenig ärgerlich zu werden. Die ironische Höflichkeit, welche er bei seinem Eintritt in das Zimmer anzunehmen beliebt, wich seiner gewohnten sauertöpfischen Laune und dem natürlichen mürrischen Ausdruck seiner Stimme.

„Ich bitte Sie, mich ungeschoren zu lassen", sagte er, indem er sich missmutig zu seinem Frühstück niedersetzte. „Ich bin für heute mit dem Spaßmachen fertig und möchte Ihnen vorschlagen, dasselbe zu tun. Was kann es nützen, allerhand Unsinn über Ihr Geld zu schwatzen. Irgendjemandem müssen Sie es doch hinterlassen!"

„Ja wohl, das werde ich", sagte Mr. Treverton. „Ich vermache es, wie ich Euch schon so oft gesagt habe, dem ersten besten, den ich finden kann, welcher das Geld herzlich verachtet und deshalb durch den Besitz desselben nicht schlechter gemacht werden kann."

„Das heißt niemandem", grunzte Shrowl.

„Das weiß ich recht wohl", entgegnete sein Herr.

„Aber niemandem können Sie es nicht hinterlassen", fuhr Shrowl hartnäckig fort. „Sie müssen es jemandem hinterlassen – Sie können gar nicht anders."

„Nicht?" sagte Mr. Treverton. „Ich sollte meinen, ich könnte damit tun, was mir beliebt. Ich kann es ja, wenn ich Lust habe, in lauter Banknoten umsetzen und in unserm Brauhause ein Freudenfeuer damit anzünden, ehe ich sterbe. Dann gienge ich aus der Welt mit dem Bewusstsein, dass ich kein Material zurückgelassen, durch welches sie noch schlechter werden könnte, als sie schon ist, und das wäre für mich ein herrlicher Trost, das kann ich Euch sagen."

Der Roman ist deutsch bei Julius Günther in Leipzig erschienen, leider in einer ziemlich oberflächlichen, durchaus nicht fehlerfreien Übersetzung.

V.

Der nächste Roman unseres Verfassers „The Woman in White" machte seinen Namen in Europa bekannt. Die „Frau in Weiß" ist eines von jenen Büchern, welche geschrieben werden mussten, um einer bestimmten literarischen Epoche ihren Charakter zu verleihen; eines von jenen Büchern, welche von heute zu morgen aller Welt bekannt werden, ohne dass man recht weiß, wie, welche von dem größten Teil der Kritiker scheel angesehen und trotzdem von allen kleinen Talenten nachgeahmt werden. Wilkie Collins hatte damit einen glücklichen Wurf getan, welcher ihn sofort unter die hervorragendsten Zeitgenossen einreihte. Er hat mit diesem Buche England den klassischen Sensationsroman gegeben, wenn ich so sagen darf. Ich habe mich bereits über das Wesen der sogenannten Sensationsliteratur ausgesprochen und bei jener Gelegenheit auf die Gefahr aufmerksam gemacht, welche in dieser Gattung so leicht die künstlerische Form und die psychologische Vertiefung über der Befriedigung der Neugier, welche das bloße Geschehnis wachhält, vergessen lässt. In diesem Meisterwerke jedoch wird die großartige Kunst der Fabelführung und Komplikation der Intrige fast noch überboten von der genialen Erfindung und Ausführung mancher Charaktere, sowie der großen stilistischen Feinheit in der Wiedergabe der Schreibarten der verschiedenen Berichterstatter.

Ich darf den Inhalt dieses Romans, welcher einer der beliebtesten der ganzen englischen Literatur ist, wohl als bekannt voraussetzen. Doch möchte ich auf die Komposition desselben näher eingehen, weil ich glaube, dass dieselbe als ein Muster für jeden Romanschriftsteller aufgestellt zu werden verdient.

Was zunächst die Form der Darstellung betrifft, so hätte wohl für diesen Stoff keine günstigere gewählt werden können, als die der Berichterstattung durch Augenzeugen und Collins selbst hat dies so wohl empfunden, dass er in den meisten seiner späteren Werke dieselbe Form zur Anwendung bringt. Was könnte auch geeigneter sein, den Glauben an ungewöhnliche, vielfach verwickelte Ereignisse zu bestärken, als solche persönliche Berichte, welche, jeder durch seine individuelle Färbung, wiederum den Glauben an die Realität des Berichterstatters selbst befestigen. Es wäre ein entschiedener Missgriff, etwa einen historischen Roman in dieser Manier zu schreiben, und auch der Charakterroman würde unter Umständen sehr dadurch leiden, weil es um die Objektivität eines Selbstschilderers doch schief steht. Für den humoristischen Roman wäre die Manier vollends unmöglich, weil der Humor stets die innerste Eigenheit des Autors widerspiegelt und alle Dinge durch die

Brille dieser seiner Eigenheit gesehen werden. Hier jedoch, wo es sich zunächst darum handelt, ein Wirrsal von Intrigen zu durchdringen, deren Wirkungen uns mit Entsetzen erfüllen und eben dadurch reizen, ihre einzelnen Fäden auf ihren gemeinsamen Anknüpfungspunkt zu verfolgen, hier wird durch diese Manier das Interesse auf das höchste gesteigert, indem wir aus den Berichten der mithandelnden und mitleidenden Personen den frischen Eindruck des unmittelbar Erlebten erhalten. Durch die starke Sympathie oder Antipathie, welche wir für diese Personen hegen, wird unser Anteil an der aus diesen Einzelerlebnissen zusammengesetzten Geschichte aus einem gegenständlichen zu einem persönlichen und der Autor, dem es gelingt, dieses zu erreichen, schwingt sich dadurch hoch über das künstlerische Niveau des gewöhnlichen Kriminalromanciers hinaus. Wilkie Collins hat es erreicht. Marianne Holcombe ist mit ihrer Liebe zur Schwester und ihrer unerschütterlichen Energie hinreißend; der Graf Fosco, eine der originellsten Figuren, welche die Romanliteratur aufzuweisen hat und es ist ganz undenkbar, dass die Leser über ihn verschiedener Meinung sein könnten: alle werden seinen eminenten Geist bewundern und mit scheuem Hass den Etappen seiner mit der Konsequenz der Gewissenlosigkeit durchgeführten Intrigen folgen. Man mag ferner ruhig zugeben, dass die Figur des Frederic Fairlie übertrieben grell gemalt sei, aber der beabsichtigte Effekt seines krassen Egoismus auf die Stimmung des Lesers wird so vollkommen erreicht, dass man dem Künstler die Wahl seiner Mittel verzeihen muss. Auch der oberflächlichste, gleichmütigste Romanleser wird sich dem Zwange nicht entziehen können, dieses Monstrum von Selbstsucht so ingrimmig zu hassen, dass er selbst die Wonne ersehnen muss, die Nerven dieses zarten Scheusals möglichst energisch anzugreifen. Es ist kein gering anzuschlagendes Vermögen eines Autors, den Leser nach seinem Willen zum innigsten Mitleid und persönlichsten Grimm gegen seine Gestalten zu nötigen. Collins besitzt diese keineswegs häufige Gabe in hohem Maße und hat sie in jenen drei Gestalten vielleicht am eklatantesten innerhalb seiner Werke bewiesen.

Nun also zur Komposition. Gleich die ersten Worte enthalten eine Andeutung über den Inhalt, welche den Leser vermuten lassen, dass derselbe ein sehr aufregender sein werde. In ruhigem, schlichtem Ton legt der Herausgeber der Geschichte seine Absicht dar, ein Vorkommnis aufzudecken, welches seiner Natur nach außerhalb des Bereiches der strafenden Gerechtigkeit geblieben sei. Darauf legt er seine Stellung und Familienverhältnisse klar und berichtet, auf welche Weise er mit den Hauptpersonen des zu erwartenden Dramas in Berührung kommt. Diese Berührung wird bewirkt durch eine Person, welche, so unbedeutend sie uns anfangs für das Ganze erscheint, am Schluss zum Werkzeug der strafenden Gerechtigkeit gemacht wird. Ich meine Pesca, den kleinen Italiener. Das ist die ganze Vorgeschichte. Schon die zweite Szene, um bei dem Vergleich mit dem Drama zu bleiben, führt uns in medias res, indem sie Walter Hartright mit der geheimnisvollen Frau in Weiß zusammenführt, welche nachher eine so bedeutsame Rolle zu spielen berufen ist. Nach diesem ersten Gipfelpunkt des tatsächlichen Interesses wird bis zum Schluss des ersten Aktes, den ich mir mit Walters Abreise aus England und Lauras Hochzeit zusammenfallend denke, mehr das psychologische Interesse für das Wachsen der Neigung zwischen jenen Beiden in Anspruch genommen. Diese idyllischen Szenen gewährten einen angenehmen Ruhepunkt, ohne jemals die Fortentwicklung der Intrige aus den Augen zu verlieren. Die Identifizierung der weißen Frau mit Anne Catherick und das zweite Erscheinen derselben bezeichnen den Fortschritt der Handlung.

In dieser Exposition wird auf ganz vortreffliche Weise der Grund zu den uns immer mehr beherrschenden Sympathien und Antipathien gelegt. Mit großer Meisterschaft wird in dem treuherzigen, schwärmerischen Erzählerton Walters dessen Liebe zu Laura vorgeführt, jedoch nicht ohne dass auch auf das Glück und die stille Wehmut dieses Verhältnisses schon die Schatten künftiger Ereignisse fielen. Auch wird uns bereits Mariannes Bedeutung für die fernere Entwicklung klar und ihre männliche Energie, gepaart mit echtester weiblicher Empfindung nehmen uns im Sturme für sie ein.

Nun kommt der zweite Akt, welcher die Vorgänge im Blackwaterpark bis zu Mariannes Krankheit enthält. Der veränderte Ton, in welchem diese Ereignisse in Mariannes Tagebuch erzählt werden, gibt diesem Abschnitte seinen eigentümlichen Hintergrund. Mit dem Auftreten des Grafen Fosco und seiner Frau gewinnt die Handlung ungemein an Interesse und steigert sich mit höchster dramatischer Lebendigkeit bis zu dem überraschenden Schlusseffekt, dem Nachwort Foscos zu Mariannes Aufzeichnungen, durch welches die ganze Ausbeute ihrer übermenschlichen Anstrengungen vernichtet und das Gefühl des Zuschauers auf das denkbar Höchste angespannt wird.

In der Ausführung ist dieser Akt bei Weitem der hervorragendste, wenn er auch, getreu den Gesetzen dramatischer Steigerung, von den noch folgenden an starken Effekten überboten wird. Dazu kommt, dass er auch charakterologisch der interessanteste ist, was ja nicht anders sein kann, da er von dem Wettstreit der beiden hervorragendsten Charaktere des Romans erfüllt ist.

Ich muss hier noch besonders aufmerksam machen auf die frappante Wahrheit, mit welcher Sir Percivals Schwanken zwischen Brutalität und Furcht, sowie seine unwillige Abhängigkeit von Fosco geschildert ist. Desgleichen die sklavische Unterwürfigkeit der Gräfin gegen ihren Mann. Wir werden uns vorläufig noch nicht klar, ob die Bewunderung des Grafen für Marianne ehrlich oder nur ironisch ist. Am Schluss erst werden wir von ersterem überzeugt, und wir müssen die Feinheit dieses Zuges bewundern, welche mehr noch, als Foscos glänzender Witz und Erfindungsgabe dazu beiträgt, ihn von der Gattung des höheren Verbrechertums abzuheben und ihn zu einem Original der Niedertracht zu machen, welchem wir bei allem Abscheu nicht nur unsere Bewunderung, sondern auch die Anerkennung eines vorhandenen Gemütslebens nicht versagen können. Soll ich auch aus diesem Akt eine interessante Stelle ins Gedächtnis rufen, so sei es die Unterhaltung der Gesellschaft von Blackwaterpark über die Frage, ob ein Verbrechen allemal durch eigene Schuld des Verbrechers entdeckt würde:

Der Graf zuckte mit den Achseln und lächelte Laura auf das Freundlichste an.

„Sehr wahr!" sagte er. „Des Narren Verbrechen ist dasjenige, welches entdeckt, und des gescheiten Mannes das, welches nicht entdeckt wird. Wenn ich Ihnen ein Beispiel geben könnte, so wäre es nicht mehr das eines gescheiten Mannes. Liebe Lady Glyde, Ihr gesunder englischer Verstand hat mich geschlagen. Diesmal bin ich schachmatt; wie, Miss Halcombe?"

„Lass Dich nicht verblüffen, Laura", spottete Sir Percival, der von der Tür aus zugehört hatte. „Sage ihm auch noch, dass Verbrechen durch eigenes Verschulden des Täters entdeckt werden. Da hast Du noch eine Schönschreibebuch-Moral, Fosco. Verbrechen werden durch des Täters eigenes Verschulden entdeckt. Welch' verdammtes Gewäsch!"

„Ich glaube, dass es wahr ist", sagte Laura ruhig.

Sir Percival lachte laut auf – so heftig, so übertrieben, dass er uns alle erschreckte, den Grafen aber am meisten.

„Ich glaube dasselbe", sagte ich, Laura zu Hilfe eilend.

Sir Percival, den die Bemerkung seiner Frau in so unbegreiflichem Grade belustigt hatte, war durch die meinige in demselben Grade erzürnt. Er stieß heftig mit dem neuen Spazierstock auf den Boden und ging fort.

„Dieser gute Percival!" rief der Graf, ihm fröhlich nachblickend, „er ist das Opfer englischen Spleens. Aber meine liebe Miss Halcombe, teuerste Lady Glyde, glauben Sie wirklich, dass Verbrechen durch des Täters eigenes Verschulden entdeckt werden? Und Du, mein Engel", fuhr er, zu seiner Gemahlin gewendet, fort, welche noch kein Wort gesagt hatte, „glaubst Du es auch?"

„Ich lasse mich belehren", entgegnete die Gräfin in einem Tone eisigen Vorwurfs gegen Laura und mich gerichtet, „ehe ich mir anmaße, in Gegenwart wohlunterrichteter Männer zu urteilen."

„Wirklich?" sagte ich. „Ich weiß doch die Zeit noch, Gräfin, wo sie die Rechte der Frauen vertraten und eines derselben war Meinungsfreiheit."

„Wie denkst Du über den Gegenstand, Graf?" fragte die Gräfin, ruhig mit Anfertigung ihrer Zigarren fortfahrend und ohne die geringste Notiz von mir zu nehmen.

Der Graf streichelte eine seiner weißen Mäuse nachdenklich mit dem kleinen Finger, ehe er etwas erwiderte.

„Es ist wahrhaft staunenswert", sagte er, „wie leicht die Gesellschaft für die schlimmsten ihrer Vergehen sich durch ein Stückchen Gemeinplatz tröstet. Die Maschinerie, welche sie zur Entdeckung von Verbrechen eingesetzt hat, ist auf eine erbärmliche Weise unzureichend, und dennoch – es erfinde nur einer ein moralisches Epigramm und sage, dass es von guter Wirkung sei, und sofort wird er alles gegen die Fehler desselben verblendet haben. Also Verbrechen werden durch des Täters eigenes Verschulden entdeckt? Und „Es ist nichts so fein gesponnen, es kommt doch ans Licht der Sonnen", wie? Fragen Sie die Richter, Lady Glyde, welche in großen Städten bei Leichenschauen gegenwärtig sind, ob dies wahr sei. Fragen Sie Sekretäre, die bei Lebensversicherungsgesellschaften angestellt sind, Miss Halcombe, ob dies der Fall ist. Lesen Sie die öffentlichen Blätter. Sind nicht unter den wenigen Fällen, die ihren Weg in die Zeitungen finden, nicht Beispiele von erschlagen gefundenen Körpern, deren Mörder unentdeckt bleiben? Multiplizieren Sie die Fälle, welche berichtet sind, mit denen, die unberichtet bleiben, und die Leichname, die gefunden werden, mit denen, die verborgen bleiben, zu welchem Schlusse kommen Sie da? Zu folgendem. Dass es ungeschickte Verbrecher gibt, die entdeckt werden, und gescheite Verbrecher, die der Entdeckung entgehen. Worin besteht das Verhehlen oder das Aufdecken eines Verbrechens? In Schlauheitsversuchen der Polizei auf der einen und des Individuums auf der andern Seite. Wenn der Verbrecher ein brutaler, unwissender Narr ist, so siegt die Polizei in zehn Fällen neunmal; ist er aber ein entschlossener, gebildeter, in hohem Grade intelligenter Mensch, so verliert die Polizei in demselben Verhältnisse. Wenn die Polizei siegt, hören Sie gewöhnlich den ganzen Hergang der Sache – verliert sie dagegen, so hören Sie meistens kein Wort von der Geschichte. Und auf diese wackelige Grundlage bauen Sie Ihre gemütliche moralische Maxime, dass Verbrechen durch des Täters eigenes Verschulden entdeckt werden! Ja – alle Verbrechen, von denen Sie etwas wissen. Wie aber steht's mit den übrigen?"

„Verflucht wahr das, und sehr gut dargetan", rief eine Stimme am Eingange des Bootshauses. Sir Percival hatte seinen Gleichmut wieder gewonnen und war zurückgekehrt, während wir dem Grafen zuhörten.

„Es mag zum Teil wahr sein und ist alles sehr gut dargetan", sagte ich. „Aber ich sehe nicht ein, warum Graf Fosco den Sieg des Verbrechens über die Gesellschaft mit solchem Frohlocken feiern, oder warum Sie, Sir Percival, ihm so enthusiastisch dafür applaudieren sollten."

„Hörst du es, Fosco?" sagte Sir Percival spöttisch. „Nimm meinen Rat und schließe Frieden mit Deinen Zuhörern. Sage ihnen, dass es etwas Herrliches um die Tugend ist – das wird ihnen gefallen, kann ich Dir versprechen."

Der Graf lachte still in sich hinein, und zwei von den weißen Mäusen in seiner Weste stürzten, über das Erdbeben unter derselben entsetzlich erschrocken, heraus, und eilten in ihren Käfig zurück.

„Die Damen", sagte er, „sollen mir von der Tugend erzählen, mein guter Percival. Sie haben darüber ein besseres Urteil als ich; denn Sie wissen, was Tugend ist, und ich weiß es nicht."

„Hört ihn an!" sagte Sir Percival, „ist das nicht entsetzlich?"

„Es ist wahr", sagte der Graf ruhig. „Ich bin ein Weltbürger und habe in meinem Leben schon so viele verschiedene Arten von Tugend kennengelernt, dass ich jetzt in meinen alten Tagen nicht imstande bin, die rechte Sorte von der unrechten zu unterscheiden. Hier in England gibt es eine Sorte und da hinten in China eine andere. John Engländer sagt, die meine ist die echte Tugend, und John Chinese sagt, nein, die meine ist die echte. Und ich sage Ja zu dem einen oder Nein zu dem andern, und bin dabei über das Richtige ebenso sehr im Unklaren bei John in den Reitstiefeln wie bei John mit dem Zopfe. Ach! Meine süße kleine Maus! Komm, und küsse mich. Wie denkst Du über tugendhafte Leute, mein Mäuselinchen? Dass es Leute sind, die Dich warmhalten und Dir reichlich zu speisen geben? Gar keine schlechte Idee und jedenfalls eine verständliche."

„Einen Augenblick, Graf", unterbrach ich ihn, „auf Ihr Beispiel eingehend, so haben wir doch ohne Frage eine Tugend in England, die ihnen in China fehlt. Die chinesischen Gerichtsobrigkeiten töten Tausende von unschuldigen Menschen auf irgendeinen abscheulichen nichtigen Vorwand hin. In England sind wir von aller derartigen Schuld fern, so fürchterliche Verbrechen begehen wir nicht, wir verabscheuen sorgloses Blutvergießen von ganzem Herzen."

„Ganz recht, Marianne", sagte Laura, „ein guter Gedanke und gut ausgedrückt."

„Bitte, gestatten Sie dem Grafen, fortzufahren", sagte die Gräfin mit strenger Höflichkeit. „Sie werden finden, meine Damen, dass er nie etwas sagt, wofür er nicht die vortrefflichsten Gründe hätte."

„Ich danke Dir, mein Engel", sagte der Graf, „darf ich Dir einen Bonbon anbieten?" Er nahm eine niedliche kleine Schachtel aus der Tasche und stellte sie offen auf den Tisch, „Chocolad à la Vanille", rief dieser unerschütterliche Mann, indem er fröhlich die Schachtel schüttelte und sich rundum gegen die Gesellschaft verneigte. „Als ein Akt der Huldigung Foscos gegen die bezaubernde Gesellschaft."

„Sei so gut und fahre fort, Graf", sagte seine Frau mit einem tückischen Blick auf mich; „tu mir den Gefallen, Miss Halcombe zu widerlegen."

„Miss Halcombe ist unwiderlegbar", entgegnete der höfliche Italiener - „das heißt, soweit sie geht. Ja! Ich stimme mit ihr überein. John Bull verabscheut des Chinesen Gräueltaten. Es gibt in der Welt keinen flinkern alten Herrn als ihn, um die Fehler anderer wahrzunehmen und keinen langsamern, wo es auf die Entdeckung seiner eigenen ankommt. Ist er aber wirklich auf seine Art so viel besser, als die Leute, die er verdammt? Die englische Gesellschaft, Miss Halcombe, ist ebenso oft die Mitschuldige des Verbrechens, wie sie dessen Feindin ist. Ja! Ja! Das Verbrechen ist in diesem Lande gerade dasselbe, was es in anderen Ländern ist – ebenso oft der gute Freund eines Mannes und derer, die zu ihm gehören, als es sein Feind und der ihrige ist. Ein großer Schurke sorgt für seine Frau und Kinder; je schlechter er ist, desto lebhafter erregt er Eure Teilnahme für seine Familie. Oft sorgt er auch für sich selbst. Ein ausschweifender Verschwender, der fortwährend Geld borgt, wird mehr aus seinen Freunden machen, als der streng rechtliche Mann, der nur einmal in der bittersten Notwendigkeit von ihnen borgt. In ersterem Falle werden die Freunde durchaus nicht erstaunen und deshalb herhalten, im zweiten werden sie sehr überrascht sein und daher zögern, ehe sie etwas herausgeben. Ist das Gefängnis, in welchem Herr Schurke am Ende seiner Laufbahn Wohnung bekommt, ein unangenehmerer Aufenthalt, als das Landarbeitshaus, in dem Herr Biedermann am Ende der seinigen sich zurückziehen muss? Wenn John Howard-Menschenfreund Elend erleichtern will, so sucht er es in Gefängnissen auf, wo es verbrecherisches Elend ist, nicht aber in den Hütten der Armut, wo es tugendhaftes Elend ist. Wer ist derjenige englische Poet, der sich die allgemeinste Teilnahme errungen, der den leichtesten Gegenstand zu pathetischer Dichtung und pathetischer Malerei abgibt? Jener charmante junge Mann, der das Leben mit einer Fälschung begann und es mit Selbstmord beendete. - Euer lieber romantischer, interessanter Chatterton. Welche von zwei verhungernden Nähjungfern kommt Ihrer Ansicht nach wohl am besten weg: die, welche der Versuchung widersteht und ehrlich bleibt, oder die, welche ihr weicht und stiehlt? Ihr wisst alle recht gut, dass diese Person durch diesen Diebstahl ihr Glück macht, es ist eine Reklame für sie von einem Ende zum andern des gutmütigen, mildtätigen England, und als Übertreterin eines Gebotes wird ihr geholfen, während man sie hätte verhungern lassen, so lange sie das Gebot gehalten. Komm her, meine lustige kleine Maus! Hei! Presto! Flink! Ich verwandele dich für den Augenblick in eine respektable Dame. Bleib' hier in der Fläche meiner schrecklich großen Hand, mein Mäuschen, und höre mir zu. Du heiratest den armen Mann, den du liebst, Maus, und die eine Hälfte deiner Bekannten bemitleidet dich, während die andere dich tadelt. Jetzt aber verkaufst du dich im Gegenteil für Gold einem Manne, um den du dich keinen Pfifferling scherst, und alle deine Bekannten jubeln; und der Verwalter des öffentlichen Gottesdienstes weihet den schändlichsten aller menschlichen Handelsverträge und lächelt und grinst hernach an deinem Tische, wenn du so gütig gewesen bist, ihn zum Frühstück einzuladen. Hei! Presto! Flink! Sei wieder eine Mus und quieke; denn wenn du noch länger eine Dame bleibst, so würdest du mir zunächst sagen, dass die Gesellschaft das Verbrechen verabscheute, und dann, Maus, würde ich daran zweifeln, ob deine eigenen Augen und Ohren dir wirklich von geringstem Nutzen seien. Ach! Ich bin ein schlechter Mann, Lady Glyde, nicht wahr? Ich spreche aus, was andere Leute bloß denken, und wenn die ganze übrige Welt sich verschwört, die Maske für das Gesicht anzunehmen, so ist die meine die verwegene Hand, welche die plumpe Pappe hinwegreißt und die nackten Knochen darunter zeigt. Ich will mich auf meine großen Elefantenbeine erheben, ehe ich mir in Ihrer unschätzbaren Meinung noch mehr Schaden tue, ich will mich erheben und einen kleinen Spaziergang machen. Teure Damen, wie Ihr vortrefflicher Sheridan sagt, ich gehe und lasse meinen Charakter in Ihren Händen zurück."

Die Führung der Szenen innerhalb dieses Aktes, das unaufhörliche Intrigenspiel erinnern lebhaft an die Art und weise mancher Sardou'schen Komödie. - Der dritte kurze Akt eilt in so hastigen Sprüngen, dass unser atemloses Interesse kaum zu folgen vermag, auf die Peripetie zu, nämlich die Vertauschung der Anne Catherick mit Laura und die Einsperrung der letzteren in die Irrenanstalt. Der erste Teil dieses Aktes enthält die unglaublich kühnen Machinationen, durch welche es Fosco gelingt, Marianne beiseitezuschaffen und Laura nach London zu locken. Dann erleben wir, obwohl nicht als Augenzeugen, Lauras plötzlichen Tod, sowie ihr Begräbnis. Wir werden von der Höhe unserer Erwartungen herabgeschleudert und müssen nach dem Fallen des Vorhanges annehmen, dass nun bloß noch eine nachhinkende Erklärung des geheimnisvollen Zusammenhanges zwischen der Frau in Weiß und Sir Percival übrig sein könne.

Die Eröffnungsszene des vierten Aktes zeigt uns zu unserem maßlosen Erstaunen den Anfang eines völlig unverhofften Endes. Walter Hartright ist zurückgekehrt und weint am Grabe seiner Geliebten, während diese lebendig mit Marianne auf ihn zutritt. Jetzt handelt es sich also darum, die Möglichkeit des scheußlichen Verbrechens jener Personenverwechselung aufzudecken und die sühnende Katastrophe herbeizuführen.

Der vierte Akt enthält die Bemühungen Walters um diesen Endzweck: den Kampf ums Leben zwischen Sir Percival, welcher die Entdeckung seines Geheimnisses vor Augen sieht und Walter, welcher dieser Entdeckung mit dem Mute der Liebe nachjagt. Der Flammentod Sir Percivals beschließt diesen Akt. Als Probe für die großartige Kunst der Schilderung stehe dieselbe hier:

Ich fiel durch den Kirchhof der Tür zu.

Als ich näher kam, stahl sich ein sonderbarer Geruch durch die feuchte, stille Luft mir entgegen. Ich hörte drinnen ein Geräusch, wie von einem zusammenschnappenden Schlosse – ich sah das Licht oben heller und heller werden – eine Glasscheibe zersprang – ich rannte auf die Türe zu und legte meinen Arm dagegen. Die Sakristei brannte.

Ehe ich mich noch rühren, ehe ich nach dieser Entdeckung Atem schöpfen konnte, erfüllte mich ein schwerer Fall von innen gegen die Türe mit Entsetzen. Ich hörte, wie der Schlüssel heftig im Schlosse hin und her gedreht wurde – ich hörte hinter der Türe die Stimme eines Mannes in entsetzlich gellenden Tönen um Hilfe schreien.

Der Bediente, der mir gefolgt war, fuhr schaudernd zurück und fiel auf seine Knie. „O mein Gott!" rief er aus; „es ist Sir Percival!"

Als die Worte seinen Lippen entfuhren, trat der Küster zu uns – und in demselben Augenblicke ließ sich das Geräusch des Schlüssels im Schlosse noch einmal und zum letzten Mal hören.

„Der Herr erbarme sich seiner Seele!" rief der Küster aus. „Er ist des Todes. Er hat das Schloss verdreht!"

Ich stürzte gegen die Tür. Der eine, alles verzehrende Gedanke, der seit Wochen mein ganzes Innere erfüllt und alle meine Handlungen geleitet hatte, schwand in einer Sekunde aus meinem Geiste. Alle Erinnerungen an das grenzenlose Elend, welches des Mannes herzloses Verbrechen verursacht hatte, an die Liebe, die Unschuld und das Glück, die er so erbarmungslos mit Füßen getreten, an den Eid, den ich im eignen Herzen geschworen, dass ich furchtbare Rechenschaft von ihm fordern wolle – schwand wie ein Traum aus meinem Gedächtnisse. Ich dachte an nichts weiter, als an das Entsetzliche seiner Lage; ich fühlte nichts als den natürlichen menschlichen Drang, ihn von einem furchtbaren Tode zu retten.

„Versuchen Sie die andere Türe!" schrie ich ihm zu, „versuchen Sie die andere Türe, die in die Kirche führt! Das Schloss ist verdreht. Sie sind des Todes, wenn sie noch einen Augenblick dabei verlieren!"

Es hatte sich, als der Schlüssel zum letzten Male im Schlosse umgedreht wurde, kein erneuter Hilferuf hören lassen, und es war jetzt kein Ton irgendeiner Art mehr zu vernehmen, der uns bewiesen hätte, dass er noch am Leben sei. Ich vernahm nichts, als das immer schnellere Knistern der Flammen und das scharfe Zerspringen der Glasscheiben im Gewölbefenster.

Ich sah mich um nach meinen beiden Begleitern. Der Diener war aufgestanden, hatte die Laterne ergriffen und hielt dieselbe mit geistesabwesendem Gesichte gegen die Türe. Der Schreck schien ihn geradezu mit

Blödsinn geschlagen zu haben – er wartete an meinen Fersen und folgte mir, wohin ich mich wandte, wie ein Hund. Der Küster saß kauernd, stöhnend und bebend auf einem Grabsteine. Der kurze Blick, den ich auf die beiden warf, genügte, um mich zu überzeugen, dass ich von ihnen keine Hilfe zu erwarten hatte.

Indem ich kaum wusste, was ich tat, und nur nach dem Drange meiner Gefühle handelte, erfasste ich den Diener und stieß ihn gegen die Mauer der Sakristei. „Bücken Sie sich!" sagte ich, „und halten Sie sich an den Steinen. Ich werde über Sie aufs Dach steigen – ich werde das Gewölbefenster einbrechen und ihm etwas Luft geben!"

Der Mann zitterte am ganzen Leibe, aber er stand fest. Ich stieg, mit meinem Knittel im Munde, auf seinen Rücken, fasste die Vormauer mit beiden Händen und hatte mich im Nu auf das Dach geschwungen. In der wahnsinnigen Eile und Aufregung des Augenblickes fiel es mir gar nicht ein, dass ich, anstatt bloß die Luft hineinzulassen, die Flamme herauslassen würde. Ich schlug auf das Gewölbefenster und zerbrach das zersprungene, gelöste Glas mit einem Schlage. Das Feuer sprang heraus wie ein wildes Tier aus seinem Hinterhalte. Hätte der Wind es nicht glücklicherweise in der Richtung von mir fortgetrieben, so hätten hiermit alle meine Bemühungen ihr Ende erreicht. Ich kauerte auf dem Dache nieder, als Rauch und Flamme über mich herausströmten. Das Leuchten des Feuers zeigte mir das Gesicht des Dieners, das blödsinnig zu mir herausstierte; den Küster, der aufgestanden war und in Verzweiflung die Hände rang, und die spärliche Bevölkerung des Dorfes, bleiche Männer und erschrockene Frauen, die sich außerhalb des Kirchhofs drängten – die alle in der furchtbaren Glut der Flammen auftauchten und in dem schwarzen, erstickenden Rauche wieder verschwanden. Und der Mann unter mir! - der Mann, der uns allen so nahe und so hoffnungslos außer unserm Bereiche erstickte, verbrannte, starb!

Der Gedanke machte mich beinahe wahnsinnig. Ich ließ mich an den Händen vom Dache herunter und fiel auf den Boden.

„Den Schlüssel zur Kirche!" schrie ich dem Küster zu. „Wir müssen es von der anderen Seite versuchen – wir mögen ihn noch retten können, wenn wir die innere Tür sprengen."

„Nein, nein, nein!" schrie der alte Mann. „Keine Hoffnung! Der Schlüssel zur Kirchentüre und der zur Sakristei sind an demselben Ringe – beide da drinnen! O, Sir, er ist nicht mehr zu retten – er ist jetzt schon Staub und Asche!"

„Sie werden das Feuer von der Stadt aus sehen", sagte eine Stimme unter den Leuten zu mir. „Sie haben eine Feuerspritze in der Stadt. Sie werden die Kirche retten."

Ich rief dem Manne zu – er wenigstens hatte noch etwas Geistesgegenwart – ich rief ihm zu, er möge zu mir kommen. Es musste wenigstens eine Viertelstunde währen, ehe die Feuerspritze uns zu Hilfe kommen konnte. Der grauenvolle Gedanke, so lange in Untätigkeit zu bleiben, war mehr als ich ertragen konnte. Trotz allem, was meine eigene Vernunft mir sagte, überredete ich mich, dass der Unglückliche bewusstlos in der Sakristei am Boden liege und noch nicht tot sei. Falls wir die Tür sprengten, konnten wir ihn nicht noch retten? Ich wusste, wie stark das schwere Schloss war und wie dick die Tür von nägelbeschlagenem Eichenholze – ich wusste, wie hoffnungslos es sei, eins oder das andere auf gewöhnlichem Wege anzugreifen. Aber gab es denn in den abgerissenen Hütten rund umher keinen Balken? Konnten wir uns nicht einen solchen holen und ihn als Sturmbock gegen die Tür anwenden?

Der Gedanke sprang auf in mir, wie die Flammen durch das zerschlagene Gewölbefenster gesprungen waren. Ich sprach zu dem Manne, welcher zuerst die Feuerspritze erwähnt hatte: „Haben Sie Ihre Spitzaxt zur Hand?" Ja, sie hatten sie. „Und ein Beil, eine Säge und einen Reif?" Ja! Ja! Ja! „Fünf Schillinge für jeden, der mir hilft!" Die Worte gaben ihnen Leben. Jener gierige zweite Hunger der Armut: der Hunger nach Geld brachte sie sofort in Bewegung und Tätigkeit. „Zwei von euch – bringt noch Laternen mit, wenn Ihr welche habt! Zwei holen Spitzhacken und Brechwerkzeuge! Die anderen mir nach, um einen Balken zu holen. Sie schrieen – mit gellenden, verhungerten Stimmen schrieen sie Hurra! Die Frauen und Kinder stoben zu beiden Seiten auseinander. Wir stürzten zusammen den Pfad vom Kirchhofe der ersten leeren Hütte zu, hinunter. Kein Mann blieb zurück, außer dem Küster – dem armen, alten Küster, der schluchzend und jammernd auf einem Grabsteine den Verlust der Kirche betrauerte. Der Bediente folgte mir noch immer auf den Fersen; sein weißes, hilfloses, entsetztes Gesicht blickte dicht über meine Schulter hinweg, als wir uns in die Hütte drängten. Es lagen Sparren von der abgerissenen Decke am Boden – doch waren sie zu leicht. Ein Balken lag oben über unseren Häuptern, doch nicht außer dem Bereiche unserer Arme und Hacken – ein Balken, der an beiden Enden in der zerfallenen Mauer festsaß, um den der Boden und die Decke fortgebröckelt war und über dem ein großes Loch im Dache den Himmel zeigte. Wir griffen den Balken an beiden Enden zugleich an. O Gott, wie fest er saß – wie uns Stein und Kalk widerstand. Wir hackten und hieben und rissen. Der Balken wich an einem Ende – er stürzte herunter, gefolgt von einer Schuttmasse. Die Weiber, die sich alle um den Eingang drängten, um uns zuzuschauen, stießen einen Schrei aus – die Männer einen lauten Ausruf – zwei von ihnen lagen am Boden, doch unverletzt. Noch einen Riss mit gesamter Anstrengung – der Balken war an beiden Enden los. Wir hoben ihn auf und befahlen, am Eingange Raum zu machen. Jetzt ans Werk! Jetzt auf die Tür los! Da ist das Feuer, das zum Himmel hinan speiet, heller denn je, um uns zu leuchten! Vorsichtig, den Pfad entlang, vorsichtig mit dem Balken – auf die Türe zu. Eins, zwei, drei – und los! Das Hurrahrufen erschallte unbezähmbar. Wir haben die Tür bereits erschüttert; die Angeln müssen sich lösen, falls das Schloss sich sprengen lässt. Noch einen Stoß mit dem Balken! Eins, zwei, drei – los! Sie weicht! Das schleichende Feuer leckt uns aus jeder Spalte an. Noch einen letzten Stoß! Die

Tür bricht krachend ein. Eine große, angsterfüllte, atemlose, erwartungsvolle Stille hält jede lebende Seele umfangen. Wir suchen nach dem Körper. Die sengende Hitze, die unseren Gesichtern begegnet, treibt uns zurück: wir sehen nichts – oben, unten, im ganzen Zimmer sehen wir nichts als eine große Flammenmasse.

„Wo ist er?" flüsterte der Diener, blödsinnig in die Flammen stierend.

„Er ist Staub und Asche", sagte der Küster. „Und die Bücher sind Staub und Asche – und o, ihr Herren! Die Kirche wird auch bald Staub und Asche sein."

Sie waren die einzigen beiden, welche sprachen. Als sie wieder schwiegen, war nichts weiter zu hören, als das Knistern und Lodern der Flammen.

Horch!

Ein scharfer, rasselnder Ton aus der Ferne – dann das hohle Trampeln von Pferdefüßen im schnellen Galopp – dann das Getöse, der alles übertönende Tumult von Hunderten von menschlichen Stimmen, die alle zugleich schreien und rufen. Endlich ist die Feuerspritze da.

Die Leute um mich her wandten sich alle vom Feuer dem Gipfel der Anhöhe zu. Der alte Küster versuchte, ihnen zu folgen, aber seine Kraft war erschöpft. Ich sah, wie er sich an einem der Grabsteine festhielt. „Rettet die Kirche!" rief er mit matter Stimme, wie wenn er schon jetzt von den Feuerleuten gehört zu werden erwartete. „Rettet die Kirche!"

Der einzige, der sich nicht rührte, war der Bediente. Da stand er – die Augen noch immer mit demselben geistesabwesendem Blicke auf die Flammen geheftet. Ich redete auf ihn hinein und schüttelte ihn am Arme: er war nicht zu erwecken. Er flüsterte bloß immer wieder: „Wo ist er?"

In zehn Minuten war die Spritze aufgestellt; aus dem Brunnen auf der Hinterseite der Kirche versah man sie mit Wasser und trug dann den Schlauch an den Eingang der Sakristei. Falls man jetzt der Hilfe von mir bedurft, so hätte ich sie nicht leisten können. Meine Willenskraft war fort – meine Kräfte erschöpft – der Aufruhr meiner Gedanken war jetzt, da ich wusste, er sei tot, auf furchtbare, plötzliche Weise gestillt. Ich stand nutzlos und hilflos da und stierte in das brennende Zimmer hinein.

Ich sah, wie man langsam das Feuer überwältigte. Die Helle der Glut erbleichte – der Dampf erhob sich in weißen Wolken und die glimmenden Aschenhaufen zeigten sich rot und schwarz auf dem Boden. Es trat eine Stille ein – dann begaben sich die Leute von der Feuerbrigade und von der Polizei an den Eingang – es erfolgte eine Beratung von leisen Stimmen – und dann wurden zwei von den Männern durch die Menge hindurch fortgeschickt. Die Menge wich zu beiden Seiten zurück, um sie durchzulassen.

Nach einer Weile rann ein großes Entsetzen durch das Gedränge, die lebendige Allee wurde langsam breiter. Die Männer kamen auf derselben mit einer Tür aus einer der leeren Hütten zurück. Sie trugen dieselben an die Sakristei und gingen hinein. Die Polizei umringte abermals den Eingang; die Leute schlichen sich zu zweien und dreien aus der Menge heraus und stellten sich hinter die Polizei, um es zuerst zu sehen. Andere warteten in der Nähe, um es zuerst zu hören. Frauen und Kinder gehörten zu den letzteren.

Die Berichte aus der Sakristei fingen an, unter die Menge zu kommen – dieselben fielen langsam von Munde zu Munde, bis sie den Ort erreichten, an dem ich stand. Ich hörte die Fragen und Antworten mit leisen, eifrigen Stimmen um mich her wiederholen.

„Haben sie ihn gefunden?" „Ja." - „Wo?" „An der Tür. Mit dem Gesichte an der Tür." - „An welcher Tür?" „An der Tür, die in die Kirche führt." - „Ist sein Gesicht verbrannt?" „Nein." - „Ja." „Nein; versengt, aber nicht verbrannt. Er lag mit dem Gesichte gegen die Tür gelehnt, sag ich Euch ja." - „Wer war er? Ein Lord, sagen sie." „Nein, kein Lord. Sir Soundso; Sir heißt soviel wie Ritter." - „Und wie Baronet." „Nein." - „Ja doch." „Was wollte er da drinnen?" „Nichts gutes, kannst Du glauben!" „Tat er es vorsätzlich?" „Ob er sich vorsätzlich verbrannt hat!" „Ich meine nicht sich selbst, sondern ob er die Sakristei vorsätzlich verbrannt hat." - „Sieht er sehr schrecklich aus?" „Entsetzlich!" - „Aber nicht im Gesicht?" „Nein, nein; im Gesichte nicht so schlimm." - „Kennt ihn kein Mensch?" „Es ist da ein Mann, der sagt, er kennt ihn." - „Wer?" „Ein Bedienter, heißt es. Aber er scheint ganz verdummt zu sein und die Polizei glaubt ihm nicht." - „Weiß kein Mensch, wer es ist?" „Stille -!"

Die laute, klare Stimme eines Mannes in Autorität brachte das leise, summende Gespräch um mich her augenblicklich zum Schweigen.

„Wo ist der Herr, der ihn zu retten versuchte?" fragte die Stimme.

„Hier, Sir – hier ist er!" Dutzende von eifrigen Gesichtern drängten sich um mich, und Dutzende von Armen trennten die Menge. Der Mann in Autorität kam mit einer Laterne in der Hand zu mir heran.

„Hierher, Sir, wenn's gefällig ist", sagte er ruhig.

Es war mir nicht möglich, zu ihm zu sprechen und unmöglich, mich ihm zu widersetzen, als er meinen Arm fasste. Ich versuchte ihm zu erklären, dass ich den Toten nie zu dessen Lebzeiten gesehen – dass keine Hoffnung vorhanden sei, ihn durch einen Fremden, wie ich war, zu identifizieren. Aber die Worte erstarben mir auf den Lippen. Ich war schwach und stille und hilflos.

„Kennen Sie ihn, Sir?"

Ich stand mitten in einem Kreise von Männern. Drei von ihnen, die mir gegenüberstanden, hielten Laternen tief am Boden. Ihre Augen und die Augen aller übrigen waren erwartungsvoll auf mein Gesicht gerichtet. Ich wusste, was zu meinen Füßen lag – ich wusste, warum sie die Laterne so tief am Boden hielten.

„Können Sie ihn identifizieren, Sir?"

Meine Blicke senkten sich langsam. Zuerst sahen sie nichts als ein großes Canevastuch. Das Tröpfeln des Regens auf dasselbe war deutlich zu hören. Ich blickte weiter hinauf an dem Canvastuch entlang, und da am Ende, steif, grimmig und schwarz in dem gelben Scheine – da lag sein totes Gesicht.

So sah ich ihn zum ersten- und zum letzten Male. Es war Gottes Wille gewesen, dass er und ich einander so begegneten.

Trotzdem Walter durch die freiwilligen Geständnisse der alten Mrs. Catherick in den Besitz des Geheimnisses der Frau in Weiß gekommen ist, ist ihm doch gerade durch Sir Percivals Tod die Möglichkeit genommen, Foscos Schuld darzutun. Und so sehen wir dem fünften Akte abermals mit banger Erwartung entgegen. Da ist es denn der von uns fast vergessene kleine Pesca, welcher des unerreichbar scheinenden Fosco Schicksal wird. Ein völlig überraschender, aber durch seine innere Gerechtigkeit durchaus befriedigender Ausgang. Auch der gefangene und besiegte Fosco bleibe seinem Wesen durchaus getreu. Wir bedauern, dass er nicht gehenkt wird, aber ich glaube, wir würden ihn auch noch am Galgen bewundern. Foscos Benehmen, sowie der Ton seiner schriftlichen Geständnisse in dieser letzten Szene sind geradezu großartig. Der Schlussakkord klingt in Moll aus, wie es sich nach einer so erschütternden Tragödie von selbst versteht, aber in reiner, mild beruhigender Harmonie. Wenn man nach dieser Andeutung des vollendet künstlerischen, dramatischen Aufbaues die „Frau in Weiß" nochmals durchliest, so wird man mir recht geben, wenn ich diesen Roman als ein nachahmungswürdiges Muster seiner Gattung hinstelle. Es ist sehr viel daraus zu lernen, die ganze Technik des modernen realistischen Romans!

VI.

Der nächste große Roman Wilkie Collins' „No Name" (Namenlos) war vollkommen dazu geeignet, den durch „Die Frau in Weiß" gewonnenen Weltruf des Autors zu befestigen. Er bildet mit der Frau in Weiß und dem Mondstein zusammen eine Trias, welche seine Kunst der Intrigen-Führung ins allerhellste Licht stellt, ohne dabei in der Charakterschilderung irgendwie nachlässig zu erscheinen. Auch in „Namenlos" ist es wieder die Lieblingsfigur unseres Autors, die energische, alle Hindernisse überwindende Frau, welche das Hauptinteresse auf sich konzentriert. Diesmal heißt sie Magdalene Vanstone, eine der beiden Töchter des ungemein liebenswürdig gezeichneten Andreas Vanstone, welcher eine unglückliche Ehe eingegangen ist, die durch die Untreue seines Weibes faktisch, aber nicht gesetzlich gelöst wird. Ein edeldenkendes Mädchen entschließt sich, ohne den Segen Kirche ihm fürs Leben anzugehören, und lebt an zwanzig Jahre mit ihm in glücklicher Ehe, bevor der Tod der anderen Frau die Vereinigung gesetzlich macht. Andreas stirbt eines plötzlichen Todes und seine Töchter werden dadurch mittel- und namenlos, weil das englische Gesetz außerehelichen Kindern keinerlei Recht gibt, und weil auch die Mutter dem Vater nach kurzer Frist in den Tod folgt. Das ganze Vermögen fällt dem Bruder des Andreas, mit welchem er bis dahin gänzlich verfeindet war, zu, und dieser schmutzige Geizhals gibt den Töchtern nicht einen Pfennig davon heraus. Nora, die ältere derselben, fügt sich ergebungsvoll in ihr hartes Los und verdient sich ihr Brot als Gouvernante, die jüngere, leidenschaftliche Magdalene aber empfindet die Ungerechtigkeit des Gesetzes und die schmachvolle Gesinnung des Oheims so tief, dass sie es sich zur Aufgabe stellt, den scheinbar aussichtslosen Verhältnissen zum Trotz für sich und ihre Schwester sowohl Namen als Vermögen wieder zu erringen. Sie verbündet sich zu diesem Zweck mit einem entfernten Verwandten ihrer Mutter, einem großartigen Abenteurer und Schwindler Wragge, und die unaufhörlichen Kämpfe dieser beiden, um durch List diese Aufgabe zu lösen, füllen die drei starken Bände des höchst spannenden Romans. Nachdem der alte Oheim gestorben ist, wendet sich die Intrige Magdalenes gegen den Sohn desselben, den elenden, feigen, filzigen und gebrechlichen Noel Vanstone, dessen Haushälterin Lecount die Gegenintrige in die Hand nimmt und Hindernis auf Hindernis in den beschwerlichen Weg der Verbündeten wirft. Es ist schlechterdings unmöglich, die ganz überraschenden, sinnreichen Züge und Gegenzüge dieses aufregenden Schachspiels mit kurzen Worten zu beschreiben. Man muss das selbst lesen. Ich kann hier nur auf die außerordentlich wirkungsvolle Gegenüberstellung der Charaktere und die feine psychologische Motivierung aufmerksam machen. Wie Magdalene in der Atmosphäre von Arglist und Betrug sich immer weiter von ihrem besseren Selbst entfernt, wie sich dieses bessere Selbst doch immer wieder aufbäumt gegen die Niedrigkeit der Mittel, durch welche sie ihren Zweck erreichen will, das ist mit oft wahrhaft tragischer Gewalt geschildert.

Sehr schön und versöhnend ist die Idee, die poetische Gerechtigkeit, die Grausamkeit des Gesetzes und Magdalenes Verirrung dadurch sühnen zu lassen, dass Nora ohne irgendwelches Zutun von ihrer Seite, allein durch die Liebe das vollkommen erreicht, was Magdalene mit Aufbietung aller Energie und mit Aufopferung ihres besseren Bewusstseins nicht zu erreichen vermag. Dass schließlich auch die unselige tief geprüfte Magdalene noch ein ruhiges, bescheidenes Glück an der Seite eines edeldenkenden Mannes findet, gibt dem Ganzen einen willkommenen, versöhnenden Schluss.

Die Figur des Kapitän Wragge ist ein Pendant zum Grafen Fosco: ein durchtriebener Halunke, den wir aber dennoch bewundern müssen und dessen prahlerischer Humor uns über alle seine Teufeleien lachen macht. Die groteske Figur seiner Frau ist eine der besten Erfindungen Collins', die poetisch verklärte Schwachköpfigkeit und Hilflosigkeit. Noel Vanstone ist in gewissem Sinne ein Geistesverwandter von Frederick Fairlie, nur dass er durch die aalglatte Intrigantin Lecount überintrigiert und dadurch einigermaßen in Schranken gehalten wird. Er ist gleichfalls ein ohrfeigenwürdiger Mensch, flößt aber doch in seiner jämmerlichen Hilflosigkeit noch einiges Mitleid ein, wodurch er als poetische Figur immerhin einige Vorteile über seinen Verwandten in der „Frau in Weiß" erringt. Ganz ausgezeichnete Figuren sind auch der alte Sonderling Clare und sein Sohn Francis und ich versage es mir ungern, hier dem Brief des Vaters Clare über das Schicksal seines „Lümmels" anzuführen, welcher Vater und Sohn so gleichermaßen charakterisiert.

Dass ein so charaktervolles Mädchen wie Magdalene sich in einen solchen Schwächling wie Francis verlieben kann, ist ein echt weiblicher Zug, welcher, so sehr er uns jedes Mal befremdet, uns doch hundertmal im Leben bestätigt wird.

„No Name" gehört zu den zerlesensten Romanen unserer Leihbibliotheken und ist – trotzdem ein ausgezeichnetes Werk: nur die ungerechteste kritische Aufgeblasenheit vermag das zu leugnen.

Ich muss bei dieser Gelegenheit einmal darauf aufmerksam machen, wie gräulich ein gutes Buch durch Übersetzung verunstaltet werden kann. Ich weiß nicht, ob es noch andere Übersetzungen von No Name gibt: diejenige, welche mir vorliegt, von Dr. G. Fink (Stuttgart 1862) ist so über alle Begriffe schlecht, dass sich nicht nur bei der Vergleichung mit dem Original, sondern auch ganz abgesehen davon, jedem geschmackvollen Leser die Haare sträuben müssen, welcher genötigt ist, aus dieser Ausgabe den Roman kennenzulernen.

Den großen drei – resp. (in deutscher Übersetzung von Marie Scott) sechsbändigen Roman „Armadale" halte ich für einen der besten unseres Autors, weil er darin das Interesse nicht ausschließlich auf die Entwickelung der Intrige konzentriert, sondern sich mit größerer Sorgfalt als in den meisten übrigen Werken in das innere Leben seiner Hauptcharaktere vertieft. Es lässt sich ja nicht leugnen, dass, wie bei allen Sensationsromanen, so auch bei den Collinsschen das Vergnügen des Lesers hauptsächlich in der durch den Gang der Ereignisse bewirkten atemlosen Spannung besteht, aber dennoch beweist er nicht selten seine weit höhere künstlerische Fähigkeit des feinen Individualismus und plastischen Gestaltens seiner Figuren. Armadale ist besonders reich an solchen gelungenen Charakterschilderungen und der Verfasser erreicht dadurch, dass uns die Hauptpersonen dieses Romans weit länger im Gedächtnis haften bleiben, als dies bei jenen bloßen Werkzeugen polizeilichen Scharfsinns und deren verfolgten Objekten der Fall ist. Auch ist in Armadale die gefährliche Klippe aller Kriminalromane, nämlich die, die Gesellschaft als nur aus sehr guten und sehr schlechten Menschen zusammengesetzt darzustellen, glücklich umschifft worden, indem der Autor hier die Handlungen der Bösen mit großer Wahrheit als eine Konsequenz der Vereinigung äußerer Schicksale mit innerer Veranlagung darzustellen weiß, und es ihm gelungen ist, auch die guten durch sorgfältige Schattierung zu plastischen und interessanten Figuren zu machen. Er wendet in diesem Roman die von ihm so gern gebrauchte Brief- und Tagebuchform der Erzählung besonders häufig an und erreicht dadurch den Zweck einer feineren Charakteristik und psychologischen Vertiefung in mehr künstlerischer Art und Weise, als es sonst zu tun pflegt, indem er jeder Person gleich beim ersten Auftritt einen psychologischen Pass ausstellt.

Der Roman holt weit aus. Ein Mr. Armadale in England, Besitzer großer Plantagen in Barbados, enterbt seinen missratenen Sohn und tritt seine Plantagen an einen entfernten Verwandten ab mit der Bedingung, dass derselbe den Namen Armadale annehme. Der enterbte Armadale kommt unter falschem Namen nach Barbados und gewinnt das Vertrauen seines glücklicheren Vetters, um sich bei günstiger Gelegenheit desto empfindlicher an ihm rächen zu können. Diese Gelegenheit kommt bald. Der neue Armadale will sich mit einer sehr reichen englischen Erbin, welche zurzeit in Malta sich aufhält, verheiraten. Er hat die Dame nie gesehen, sondern folgt nur dem Rat seiner Mutter und dem Eindruck, den ihr Bild auf ihn gemacht. Als das Schiff nach Malta zum Abgehen bereit ist, wird er krank. Der ältere Armadale entflieht mit diesem Schiffe und stellt sich in Malta als der Bräutigam vor. Miss Blanchard empfindet eine solche Neigung zu ihm, dass sie sich mit ihm verlobt und darein willigt, ihren Vater zu hintergehen, nachdem sie erfahren hat, dass er nicht der von den beiderseitigen Eltern erwählte Bräutigam sei. Ihre zwölfjährige Dienerin und Vertraute, Lydia Gwilt, schreibt in der Handschrift von des anderen Armadales Mutter einen Brief, welcher den alten Mr. Blanchard in seinem Irrtum bestärkt und ihn veranlasst, seine Einwilligung zur schnellen Heirat zu geben. Nun kommt der andere Armadale an, ist hingerissen von der Schönheit seiner versprochenen Braut und außer sich vor Wut über den frechen Räuber. Ebenso ist Mr. Blanchard aufs Äußerste aufgebracht über den Betrug, den man ihm gespielt hat. Die Jungvermählten fliehen vor seinem Zorn, der alte Blanchard setzt ihnen nach und der junge Armadale befindet sich in einer Verkleidung unter seiner Schiffsmannschaft. Sie treffen auch das Schiff der Flüchtigen, als es gerade im Begriff ist zu sinken. In der Verwirrung des Rettungswerkes ersieht sich Armadale die günstige Gelegenheit, seinen verhassten Namensvetter dadurch umzubringen, dass er ihn in die Kajüte einschließt. Alle übrigen Personen werden gerettet. Die junge Witwe Armadale, welche durch ihre Heirat mit ihrer ganzen Familie zerfällt, bringt einen Knaben zur Welt. Bald darauf heiratet auch der andere Armadale und bekommt gleichfalls einen Knaben. Die fürchterlichen Gewissensbisse erzeugen in ihm den Wahn, dass der Fluch seiner Mordtat sich auf den Sohn vererben müsse, und dieser Wahn veranlasst ihn, seinem Sohn in seinen letzten Augenblicken mit abergläubischem Pathos vor jeder Berührung mit seinem Namensvetter und allen mit ihm zusammenhängenden Personen, besonders jener Lydia Gwilt, zu warnen. Dies die Vorgeschichte des Romans. Der englische Armadale ist in ländlicher Zurückgezogenheit nur unter der Leitung eines prächtigen Landgeistlichen zu einem starken, gesunden, reizend offenen und naiven Jüngling herangewachsen, welcher nicht übermäßig viel Geist, aber das beste Herz von der Welt besitzt. Der andere, früh verwaiste Armadale dagegen ist der unerträglichen Behandlung seines Stiefvaters entflohen und hat ein trauriges Zigeunerleben geführt, welches jedoch nur dazu gedient hat, seinen Charakter zu stählen und seinen Geist, wie seine Phantasie auf das ungewöhnlich Romantische hinzulenken. Krank und dem Verhungern nahe kommt er in das Dorf, in welchem sein Namensvetter lebt. Dessen gutes Herz ist sofort von seinem Unglück gerührt und er wird sein aufopfernder Pfleger, nachher sein wärmster Freund. Die Schweigsamkeit des anderen Armadale, welcher den hässlichen Namen Ozias Midwinter angenommen hat, verhindert vorläufig die Entdeckung ihres Verhältnisses. Als Midwinter einundzwanzig Jahre alt wird, erhält er neben der nicht mehr bedeutenden Hinterlassenschaft seines Vaters auch jenen inhaltschweren Brief, welcher ihm zu seinem Schrecken klar macht, dass er durch die wunderliche Fügung des Zufalls der Busenfreund des Mannes geworden ist, zwischen den und sich er nach dem Willen seines Vaters „Berge und Meere setzen sollte." Er vertraut seinen schweren Kummer dem väterlichen Freunde Armadales, dem Pastor Broch an, welcher ihm so lange zuredet, bis er den Brief ins Feuer wirft und sich entschließt, die Sünde seines Vaters lieber durch die treueste Hingabe an den Sohn des Ermordeten gutzumachen, als sich von dem phantastischen Schicksalsglauben seines Vaters beeinflussen zu lassen. Kurz darauf stoßen die beiden Freunde bei einer nächtlichen Meerfahrt auf das Wrack eines Schiffes, welches sich als dasselbe herausstellt, auf welchem vor 22 Jahren die Mordtat geschah. Dieses wunderbare Zusammentreffen erweckt in Midwinters für solche Eindrücke ungewöhnlich empfänglicher Seele aufs Neue die abergläubische Furcht vor dem rächenden Schicksal. Dazu kommt, dass Armadale, auf dem Wrack schlafend, einen merkwürdigen Traum in vier Bildern träumt, welchen Midwinter natürlich als eine Warnung vor der unheilschwangern Zukunft auffasst. Es ist freilich eine starke Zumutung an den kühlen Verstand des Lesers, dieses Wiederfinden des zweimal gestrandeten Schiffes und dieser, den Umständen nach so angemessene Traum! Aber wir verübeln dem Verfasser diese kühne Kombination nicht allzu sehr, da er sie auf die feine, ungemein fesselnde Schilderung von Midwinters Seelenzustand gründet. Es ist in der Tat diese Schilderung des verzweifelten Kampfes Midwinters gegen seinen tief gewurzelten Aberglauben, welcher durch die Erfüllung jener vier Traumbilder immer neue Nahrung erhält, mit das beste, was Wilkie Collins in dieser Hinsicht geleistet hat. Mit wahrem Feuereifer erfasst der von Selbstqualen furchtbar aufgeregte Midwinter jede einigermaßen plausible, vernünftige Erklärung jener Traumerfüllungen, und mit rührender Liebe klammer er sich danach um so fester an seinen Freund, bis ein neues geheimnisvolles Zusammentreffen ihn wieder in denselben Abgrund der Selbstqual und der abergläubischen Furcht zurückstößt.

Die zweite Haupthandlung des Romans dreht sich um die Person jener Lydia Gwilt, welche durch ihre Fälschung die Heirat der Miss Blanchard möglich gemacht hatte. Durch ihre Mithilfe bei jenem Betrug hat sie sich sowohl Mrs. Armadale, als auch deren ganze Familie verhasst gemacht und durch dies Zerwürfnis stellenlos geworden, wird sie in ein Abenteurerleben gedrängt, welches für sie um so gefährlicher ist, als ihre Schönheit allen Männern den Kopf verdreht. Sie ermordet einen Gatten und wird von einem anderen schmählich betrogen, sodass sie in der Verzweiflung ins Wasser springt. Ein Mr. Blanchard zieht sie heraus, holt sich aber selbst den Tod dabei in Folge der Erkältung. Durch seinen Tod wird Allan Armadale Besitzer der Blanchard'schen Herrschaft Thorpe-Ambrose. Miss Gwilt fasst nun den Plan, sich an der Familie Armadale zu rächen, indem sie den jungen Erben von Thorpe-Ambrose zu einer Heirat mit ihr verleiten will. Mithilfe einer abgefeimten alten Gaunerin, Mrs. Oldershaw, weiß sie sich in unmittelbarer Nähe des Herrenhauses als Gouvernante in das Haus eines Majors Milroy einzunisten, mit dessen junger Tochter Neely Allan Armadale bereits ein zärtliches kleines Verhältnis angeknüpft hat. Trotz ihrer vierunddreißig Jahre, die man ihr freilich nicht ansieht, weiß sie den armen Jungen bald so vollkommen in ihre Netze zu verstricken, dass er drauf und dran ist, ihr einen Antrag zu machen. Da erweckt die lächerlich eifersüchtige Frau des Majors Verdacht über die Vergangenheit Lydias in Armadale. Sein Advokat bestärkt ihn in dem Verdacht und nötigt ihn, allerlei Schritte zur Aufklärung desselben zu tun, durch welche er aber sowohl bei dem Major als auch bei seiner ganzen Nachbarschaft in Misskredit kommt. Es ist hier nachzuholen, dass auch Midwinter sterblich in Miss Gwilt verliebt ist und Allan verlassen hatte, um ihm bei seiner Bewerbung um dieselbe nicht hinderlich zu sein. Er hört von Miss Gwilt selbst von dem beleidigenden Spioniersystem, welches gegen sie in Anwendung gebracht worden ist, und seine Entrüstung über diesen Zweifel Armadales an der einst Geliebten erwirkt die erste Entfremdung zwischen ihnen. Er lässt nun seiner eigenen Liebe zu Lydia freien Lauf und sie erwidert diese Liebe, ja, sie liebt ihn wirklich allen Ernstes, obwohl sie selbst nicht daran glauben mag: seine düstere Gemütsstimmung, seine groß angelegte Natur bezaubern sie vollständig und seine hinreißende Liebe macht ihn zu ihrem Herren. Schon ist sie fast entschlossen, seine Frau zu werden und ein neues, besseres Leben zu beginnen, als die Entdeckung der Namensgleichheit ihr einen neuen schändlichen Plan eingibt. Die Ausführung desselben wird durch die Umstände so gefördert, dass alle ihre Anstrengungen, ihrem guten Vorsatze treu zu bleiben, über den Haufen geworfen werden. Sie veranlasst nämlich Midwinter, sie heimlich unter seinem wahren Namen Allan Armadale zu heiraten, nachdem sie vorher in Thorpe-Ambrose den Verdacht erweckt hat, dass der andere Allan Armadale sie doch noch heiraten werde. Sie will nun jenen andern auf irgendeine Weise umkommen lassen und dann als dessen Witwe Ansprüche auf Thorpe-Ambrose geltend machen. Alle Umstände sind ihr günstig. Vor einem neuen Mord bewahrt sie der Zufall, dass Armadales Yacht in einem Sturm zugrunde geht. Midwinters immer zunehmende Entfremdung von ihr lässt sie vollends ohne sittlichen Halt und sie tut wirklich Schritte, um in Thorpe-Ambrose als Herrin anerkannt zu werden. Da erhält sie die Nachricht, dass Allan Armadale nicht umgekommen sei und sie muss nun entweder der gerichtlichen Verfolgung gewärtig sein, oder Armadale doch noch töten. Sie entschließt sich zu dem letzteren. Ein gewissenloser Arzt stellt ihr für ihr schändliches Unternehmen ein Zimmer in seinem Krankenhause zur Verfügung, welches von außen durch einen Apparat mit giftigen Gasen gefüllt werden kann. Durch die Vorspiegelung, dass Miss Neely Milroy über die Nachricht von seinem Tode wahnsinnig geworden sei und sich jetzt in der Anstalt jenes Arztes befinde, weiß man Armadale gleich bei seiner Ankunft in London in das Sanatorium zu locken, wo ihm für die Nacht das bewusste Zimmer angewiesen wird. Aber er kommt nicht allein. Midwinter, welcher erst tags zuvor auf der Suche nach seiner Frau in London angelangt war und den sie vor Zeugen verleugnet hatte, begleitet ihn und besteht darauf, dass ihm das Nebenzimmer angewiesen werde. Die Wahrnehmung des außen angebrachten Gasapparates erfüllt ihn mit Verdacht und in seiner aufopfernden Freundessorge bewegt er Armadale, das Zimmer mit ihm zu tauschen. Lydia macht sich an ihr grausiges Werk. Ehe sie die letzte, Gas erzeugende Mischung vornimmt, blickt sie in das Nebenzimmer, um sich von Midwinters Schlaf zu überzeugen. Sie sieht Armadale statt seiner und dringt sofort in das gifterfüllte Nebenzimmer, wo sie Midwinter bereits ohne Bewusstsein liegen findet. Sie schleppt ihn auf den Korridor hinaus und tut alles, um ihn wieder zu sich zu bringen. Darauf füllt sie zum letzten Mal den Apparat und schließt sich selbst in das Zimmer ein, so durch ihren Tod ein langes Leben des Lasters sühnend. Armadale heiratet seine Neely und Midwinter ist endlich für immer von seinem schrecklichen Aberglauben befreit.

Wie ich schon bemerkte, konzentriert sich für den ernsteren Leser das Hauptinteresse auf die psychologische Entwicklung der Charaktere Midwinters und Lydia Gwilts. In der sorgfältigen Motivierung jeder Handlung dieser beiden und in der genetischen Begründung ihrer beiderseitigen Schicksale erblicke ich den Hauptvorzug dieses Romans vor den meisten übrigen unseres Autors.

Man denke sich einen vom härtesten Geschick verfolgten Knaben, der heißes Kreolenblut in seinen Adern hat, auf dessen Phantasie seine zigeunerhafte Lebensweise als Gaukler, Seemann und Fischer auf den

Hebriden mit ihren wechselnden Eindrücken und die Erinnerung an unausgesetzte Seelen- und Körperqualen einen seltsam verwirrenden und aufregenden Einfluss geübt hat, einen jungen Mann, der, trotzdem er sich durch mühevolle Arbeit unter den schmählichsten Entbehrungen nicht unbedeutende wissenschaftliche Kenntnisse erworben hat, doch noch weiter wie ein Hund behandelt wird, und dem zum ersten Mal in seinem traurigen Leben in der Freundschaft Allan Armadales eine Ahnung von der Segenskraft der Menschenliebe aufgeht: und dann stelle man sich vor, welchen Eindruck die schrecklichen Enthüllungen des väterlichen letzten Briefes auf ihn machen und wie besonders dessen drohende, wilde Schluss-Sätze die Saat des finstersten Aberglaubens in seine Seele streuen müssen.

Midwinters Kampf gegen seine düsteren Phantasien ist wirklich heroisch, die aufopfernde Liebe, mit welcher er sich an seinen Freund klammert, ist rührend, die Leidenschaft, welche ihn an das falsche Weib fesselt, vor welchem ihn der Brief des Vaters am meisten warnte, ist tragisch und die Ruhe, welche sein gemarterter Geist endlich durch den Sühnetod jenes Weibes findet, eine wirkliche, glückliche Lösung des ganzen, trefflich komponierten und aufs wirksamste gesteigerten Dramas. Eine nähere Motivierung des raschen Erkaltens seiner Leidenschaft für Lydia wäre zu wünschen, obwohl der Leser bei einigem Nachdenken dieselbe wohl selbst finden dürfte; denn trotz Lydias wirklicher Liebe muss er doch bald zur Empfindung der trennenden Schranke gekommen sein, welche ihr auf Lüge und Verbrechen gegründetes und durch lauter Unwahrheit verhülltes früheres Leben zwischen ihnen aufrichtete. Die Erzählung eilt im letzten Bande so zum Schluss, dass uns der Verfasser die Schilderung der einzelnen Umstände, welche diese Empfindung in Midwinter hervorriefen und stärkten, schuldig bleibt.

Ein wirksameres Gegenstück zu dem düsteren Bilde Midwinters als das des prächtigen, gesunden Somersetshirer Jungen Allan Armadale kann man sich nicht gut vorstellen. Er ist klar und heiter wie die Sonne, von herzgewinnender Offenheit und reizender Natürlichkeit. Die nachfolgende Probe ist höchst charakteristisch für Allan, wie für die darin geschilderten Typen englischer Gutsbesitzerfamilien. Es handelt sich um eine Visitentour bei der Nachbarschaft von Thorpe-Ambrose, welche er unternimmt, um sich wegen der Vereitelung der großartigen Pläne zu seinem Empfang zu entschuldigen. Allan selbst beschreibt dieselbe folgendermaßen:

Als ich aufbrach, um diese Besuche zu machen, war ich, wie ich offen ge-
stehe, in Wut über jenes alte Tier von Advokaten, und hatte allerdings
ein Lüstchen, mich übermütig zu benehmen. Aber dies Gefühl verlor
sich unterwegs; und bei der ersten Familie, der ich meinen Besuch machte, trat ich, wie gesagt, mit den besten Absichten von der Welt ein. O, du
lieber, lieber Himmel! In diesem Hause, wie in jenem andern, in das ich
später kam, immer und immer wieder dasselbe funkelnagelneue Empfangszimmer, in dem ich warten musste; dahinter dasselbe zierliche Ge-
wächshaus; dieselben ausgewählten Bücher zu meiner Durchsicht – ein
religiöses Buch, ein Buch über den Herzog von Wellington, ein Buch ü-
ber den Sport und ein Buch über nichts Besonderes, mit prachtvollen Il-
lustrationen geziert. Herunter kam der Papa mit seinem hübschen weißen Haar und die Mama mit ihrer hübschen Spitzenhaube; herunter kam
der junge Mister mit seinem rosigen Angesicht und seinem strohfarbe-
nen Backenbarte, und die junge Miss mit ihren runden Wangen und umfangreichen Röcken. Denke nicht, dass ich im geringsten unfreundlich
war; ich machte den Anfang stets in derselben Weise mit ihnen – ich bestand darauf, allen die Hand zu geben. Dies machte sie gleich stutzig.
Wenn ich dann zu dem zarten Punkte – dem öffentlichen Empfang –
kam, so gebe ich Dir mein Ehrenwort darauf, dass ich mir die größte
Mühe von der Welt gab, mich zu entschuldigen. Aber es hatte nicht die
geringste Wirkung. Sie ließen meine Entschuldigungen zum einen Ohr
hinein und zum anderen wieder hinausgehen. Einige Leute würde dies
entmutigt haben; ich dagegen versuchte es auf andere Weise mit ihnen.
Ich wandte mich zunächst zum Herrn des Hauses und stellte ihm die Sache ganz freundschaftlich vor. „Die Wahrheit zu gestehen", sagte ich,
„wünschte ich dem Redenhalten zu entgehen – ich hätte mich da erheben müssen, wissen Sie, und Ihnen ins Gesicht sagen, dass Sie der beste
aller Menschen sind, und dass ich um Erlaubnis bitte, auf ihr Wohlsein
trinken zu dürfen; worauf dann Sie sich erheben und mir das Gleiche ins
Gesicht sagen, und so weiter, Mann für Mann, indem wir rund um die
Tafel herum einander loben und langweilen." In dieser leichten, unbefangenen, überzeugenden Art und Weise stellte ich ihm die Sache vor.
Meinst Du, dass ein einziger von ihnen es in demselben freundschaftli-
chen Geiste aufnahm? Nicht Einer! Ich bin der festen Überzeugung, dass
sie ihre Reden für den Empfang mit den Fahnen und Blumen in Bereitschaft hatten und dass sie heimlich ärgerlich über mich sind, weil ich ihnen den Mund stopfte, als sie gerade anzufangen im Begriff waren. Wie
dem immer sei, sowie wir zu dem Gegenstande der Reden kamen – ob
sie denselben zuerst berührten oder ich – augenblicklich sank ich die erste jener drei Stufen in ihrer Achtung. Glaube nicht, dass ich mir keine
Mühe gab, mich wieder zu erheben! Ich machte verzweifelte Anstrengungen. Da ich die Entdeckung machte, dass sie sich alle zu wissen sehn-
ten, welch eine Art von Leben ich geführt, bis ich das Besitztum Thorpe-
Ambrose erbte, so tat ich mein Möglichstes, um sie zufriedenzustellen.
Und was bewirkte dies wohl? Ich will gehangen sein, wenn ich ihnen

nicht eine zweite Täuschung bereitete! Wenn sie entdeckten, ich niemals in Eton oder Harrow, Cambridge oder Oxford gewesen sei, waren sie förmlich stumm vor Erstaunen. Ich denke mir, sie hielten mich für eine Art Vagabund; kurz ich sank die zweite Stufe in ihrer Achtung. Macht nichts! Ich ließ mich nicht aus dem Felde schlagen, denn ich hatte Dir versprochen, mein Möglichstes zu tun, und ich tat es. Ich versuchte zunächst ein heiteres Geplauder über die Umgegend. Die Frauen sagten nichts Besonderes; die Männer fingen, zu meinem unaussprechlichen Erstaunen, alle an zu kondolieren. Sie sagten, ich werde innerhalb zwanzig Meilen vom Hause kein Koppel Hunde zu finden imstande sein, und sie hielten es für nicht mehr als recht, mich davon zu unterrichten, in welcher schmachvollen Weise man zu Thorpe-Ambrose die Wildlager vernachlässigt habe. Ich ließ sie zu kondolieren, und was glaubst Du, tat ich dann? Ich brachte mich abermals in die Patsche. „O, lassen Sie sich das nicht kümmern", sagte ich; „es liegt mir durchaus gar nicht an irgendeiner Art von Jagd. Wenn ich auf meinem Spaziergange einem Vogel begegne, ist es mir unmöglich, eine Begierde zu fühlen, ihn zu töten; es macht mir im Gegenteil Vergnügen, den Vogel umherfliegen und sich seines Daseins freuen zu sehen." Da hättest Du ihre Gesichter sehen sollen! Hatten sie mich vorher für eine Art Vagabund gehalten, so hielten sie mich jetzt offenbar für toll. Es herrschte eine Totenstille, und ich sank die dritte Stufe in der allgemeinen Achtung. Im nächsten Hause, und im nächsten, und wieder im nächsten ging es ebenso. Ich glaube, wir waren alle von Teufel besessen. Es kam stets auf eine oder die andere Weise zum Vorschein, dass ich keine Reden halten könne, dass ich ohne Universitätsbildung aufgewachsen sei, und dass ich Vergnügen an einem Spazierritt finden könne, ohne einen unglückseligen, übel riechenden Fuchse oder einem armen, wahnsinnigen, kleinen Hasen nachzugaloppieren. Diese drei unglücklichen Fehler in mir sind, wie es scheint, bei einem Gutsbesitzer unverzeihlich, namentlich wenn er den Anfang damit gemacht hat, dass er einem öffentlichen Empfange aus dem Wege gegangen ist. Ich denke, am besten kam ich noch mit den Gemahlinnen und Töchtern fort. Die Frauen und ich verfielen überall früher oder später auf Mrs. Blanchard und ihre Nichte. Wir wurden stets darüber einig, dass sie sehr weise gehandelt haben, indem sie nach Florenz gezogen seien; und der einzige Grund, den wir für diese Ansicht anzugeben hatten, war der, dass die Betrachtung der Meisterstücke italienischer Kunst nach dem traurigen Verluste, den die beiden Damen erlitten, einen wohltätigen Einfluss auf ihr Gemüt haben werde. Ich gebe Dir mein feierliches Wort darauf, dass jede einzelne der Damen in jedem Hause, das ich besuchte, früher oder später auf Mrs. und Miss Blanchards Verlust und zu den Meisterstücken italienischer Kunst zu reden kam. Was wir ohne die Hilfe dieses glänzenden Gedankens hätten anfangen sollen, weiß ich wirklich nicht. Der einzige angenehme Augenblick bei all diesen Besuchen war der, wo wir alle zusammen die Köpfe schüttelten und erklärten, dass die Meisterwerke sie trösten würden. Was den Rest betrifft, so habe ich nur noch eins zu sagen: Was ich an einem anderen Ort sein könnte, weiß ich nicht; hier aber bin ich der unrechte Mann am unrechten Orte. Lass mich in Zukunft mit meinen eignen wenigen Freunden auf meine eigene Weise fertig werden; verlange alles in der Welt von mir, nur verlange nicht, dass ich noch ferner Besuche bei meinen Nachbarn machen soll.

Ein reizendes Idyll voll schalkhaften Humors ist Allans Verhältnis zu Miss Milroy. Sie ist das erste hübsche junge Mädchen, das in seinen Bereich kommt, infolgedessen verliebt er sich natürlich sofort in sie. Die kleine Schelmin, die erst 16 Jahr alt ist, und die noch auf dem Punkte steht, in eine Pension geschickt zu werden, weiß ihn durch die drolligsten Evaskünste zu bestricken, hinzuhalten und zu ärgern. Er, der naive Junge hat für diese Künste gar kein Verständnis, sondern nimmt alles für bare Münze. So geschieht es, dass sie durch ihr launisches Schmollen sein Herz bereit macht, sich dem Eindruck von Lydias reifer, imposanter Schönheit hinzugeben. Verstand es schon die kleine Neelie ihm den Kopf zu verdrehen, so gelingt dies Lydia natürlich noch viel leichter und wir sehen ihn im Handumdrehen bis über die Ohren in sie verliebt, während sie in ihrem Tagebuch ihrer herzlichen Verachtung für seine dumme, puterrote Gesundheit und seine naive Selbstgewissheit mit beißendem Sarkasmus Ausdruck gibt. Die besten Seiten in Allans Charakter treten in seinem Verhältnis zu Midwinter und seinem trotz allen bösen Erfahrungen doch nicht zu erschütternden Glauben an die Menschheit hervor. Es berührt uns tragikomisch, wie er durch seine liebenswürdige, fast kindliche Schwärmerei für die wieder versöhnte Neelie ganz ahnungslos die finsteren Pläne Lydias fördert. Dass er Miss Milroy zum Schluss doch noch bekommt, freut uns herzlich, denn wir dürfen überzeugt sein, dass seine Nachkommenschaft ebenso gutmütig, rot und gesund sein werde.

Lydia Gwilt ist die in fast allen Collinsschen Romanen wiederkehrende Figur der scharfsinnigen, energischen Intrigantin, nur dass dieselbe, wie schon bemerkt, hier zu einer interessanten Studie gemacht wurde. Aus ihren Briefen an die höchst geschickte, kluge und gewissenlose Mrs. Oldershaw, welcher sie bald als ihrer mütterlichen Freundin das Herz ausschüttet, bald mit der rücksichtslosesten Grobheit die Freundschaft kündigt, lernen wir Lydia durch und durch kennen und ihr mit der größten Sorgfalt und Selbsterkenntnis geführtes Tagebuch zeigt uns ihre Seele vollends ohne Hülle. Zunächst bewundern wir den brillanten Geist dieser Frau, welcher sich mit einer bodenlosen Frechheit verbindet, sie ist Meisterin der Allüren der vornehmen Dame, wirklich gebildet und von wirklich künstlerischem musikalischen Talent – und trotz alledem doch eine herzlose, durch und durch egoistische und gewissenlose Kreatur. Obwohl sie selbst sich nicht das Geringste aus Allan macht, ist sie doch von einer Eifersucht auf die unbedeutende Neelie, welche sich in ihrem Tagebuch in höchst komischen aber überaus bissigen Bemerkungen über diese Luft macht. Dass Midwinter ihr eisiges Herz nochmals zu erwärmen weiß, ist sehr gut motiviert. Sein abenteuerliches Schicksal, das mit dem ihren manche Ähnlichkeit hat, interessiert sie zunächst an ihm; den Stolz, den sie empfindet, diesen Mann, welcher die höchsten Begriffe von moralischer Pflicht und Mannesehre durch jede seiner Handlungen betätigt, sich erobert zu haben und die nie gekannte Wonne, die unentweihte, glühende Liebe und das ganze Vertrauen dieses Mannes zu besitzen, bewirken eine heilsame Erschütterung ihres Gemüts, welche sie fähig macht, diese Liebe zu erwidern. Es wird ihr schwer, sich selber die Schwachheit ihres Herzens einzugestehen und sie versucht durch Ironie, sich darüber hinwegzusetzen; aber jedes Zusammentreffen mit Midwinter macht ihr den glücklichen Verrat an ihrem früheren Selbst klarer und schließlich vertraut sie die selige Überzeugung zu lieben sogar ihrem Tagebuch mit entzückten Worten an.

Trotzdem es ihr so schwer wird Midwinter selbst zu belügen, gibt sei doch ihre niederträchtigen Pläne gegen Armadale nicht auf. Ihr Hin- und Herschwanken zwischen der Sehnsucht nach neuem, unschuldigem Leben und dem brennenden Verlangen, ihre Rache und Habsucht zu befriedigen, spiegelt sich in dem wechselnden Ton ihres Tagebuches höchst anschaulich wieder. Sie hofft, dass die Umstände sie verhindern würden, ihr Vorhaben auszuführen, aber eine Reihe von Zufällen liefert ihr das Opfer in die Hände und bieten ihr die günstigste Gelegenheit es zu verderben. Midwinters Erkalten verhärtet ihr Herz wieder und mit der alten ruchlosen Energie macht sie sich nun an die Ausführung ihrer Pläne. Das Misslingen des Mordversuches auf Allan, welches sie in die größte Gefahr der Entdeckung bringt, steigert diese Energie zum Fieberhaften. Innerlich gebrochen wie sie ist, kann ihr die Erreichung ihres Zweckes keine Befriedigung mehr gewähren, aber sie verfolgt ihn dennoch mit teuflischer Hartnäckigkeit, um nur den Jammer ihrer Seele in diesem aufregenden Treibern zu ersticken. Sie krönt das Gebäude ihrer Sünden durch die Verleugnung ihres immer noch geliebten Gatten und geht der Ausführung eines grausigen Mordes mit einer Ruhe entgegen, welche der Gefühllosigkeit ähnelt, die das Resultat einer aufregenden Narkose ist. Die Schilderung der Ausführung des Mordes ist eine der besten Leistungen Collins auf diesem Gebiete.

Der Mann, dem es gelungen ist, einen so verworfenen Frauencharakter unserem menschlichen Mitgefühl so nahe zu bringen, dass wir durch die Tragik seines Schicksals fast mit demselben versöhnt werden, verdient wahrlich, ein bedeutender Künstler genannt zu werden.

Auch die Nebenpersonen sind mit leichter und glücklicher Hand entworfen und höchst plastisch ausgeführt. Ich nenne hier besonders die Jammerfigur des alten Bashwood, den seine wahnsinnige Liebe zu Lydia um Verstand und Gewissen bringt. Ferner die lebenslustigen, klugen Rechtsanwälte Pedgift Vater und Sohn. Den alten Major Milroy, welchen der Jammer über seine durch Krankheit unleidlich gewordene Frau gegen alle lebendigen Interessen so abgestumpft hat, dass er nur noch in der Beschäftigung an seiner kunstreichen Uhr lebt und webt. Eine Episode von grotesker Komik ist die Witwe Pentecost mit ihrem gebrechlichen geistlichen Sohne, der sich bei der Landpartie überisst und dadurch die ganze Gemütlichkeit zerstört. Als die Picknickgesellschaft ins Boot steigt, sagt die ihren Sohn vergötternde Mutter, zur Gesellschaft im Allgemeinen sich wendend: „Sollte sich irgendein Unglück ereignen, so gibt es wenigstens einen Trost für uns alle – mein Sohn kann schwimmen." Das ist gut!

Um meine Betrachtungen über Armadale recht appetitlich zu beschließen und zugleich ein Beispiel von dem liebenswürdigen Epikuraismus des Verfassers zu geben, setze ich noch seine Gedanken über die moralischen Folgen des Essens hier her:

Wie unermesslich wichtig in seinen moralischen Folgen, und darum wie lobenswert an sich, ist das Essen und Trinken! Die gesellschaftlichen Tugenden finden ihren Mittelpunkt im Magen. Ein Mann, der nach seinem Mittagessen nicht ein besserer Gatte, Vater oder Bruder ist, muss, unter uns gesagt, ein unheilbar lasterhafter Mensch sein. Welche verborgenen Charakterzüge entfalten sich; welche schlummernden Liebenswürdigkeiten erwachen nicht über Tische! Beim Öffnen der Proviantkörbe von Thorpe-Ambrose ergoss sich eine süße Gesellenheit (ein Sprössling jener glücklichen Verbindung von Zivilisation und Mrs. Gripper) über unsere Lustpartie und schmolz die widerstrebenden Elemente, aus denen diese bisher zusammengesetzt gewesen, zu einer lieblichen Mischung zusammen. Nun konnten Seine Ehrwürden, Mr. Samuel Pentecost, dessen Licht bis jetzt unter einem Scheffel gestanden, beweisen, dass er etwas tun könne, indem er bewies, dass er zu essen vermochte. Nun glänzte Mr. Pedgift heller als je durch Perlen von kaustischem Humor und durch seine Unerschöpflichkeit an gesellschaftlichen Hilfsquellen. Nun bewiesen der Squire und der reizende weibliche Gast des Squires die dreifache Verbindung von sprudelndem Champagner, kühner werdender Liebe und den Augen, in deren Wörterbuch das Nein fehlt. Nun tauchten in

70

der Erinnerung des Majors frohe, alte Zeiten auf, und lustige alte Geschichten, die seit Jahren nicht erzählt worden, fanden den Weg auf seine Lippen. Und nun zeigte sich Mrs. Pentecost in der vollen Stärke ihrer schätzenswerten Mütterlichkeit, indem sie eine überschüssige Gabel ergriff und dieses nützliche Instrument unablässig zwischen den ausgesuchtesten Bissen der ganzen Versammlung von Schüsseln und den wenigen leeren Stellen auf den Tellern des ehrwürdigen Pfarrers spielen ließ. „Lachen Sie nicht über meinen Sohn", schrie die alte Dame, die Heiterkeit bemerkend, die ihr Verfahren unter der Gesellschaft hervorrief. „Es ist meine Schuld, der arme, liebe Junge – ich bringe ihn zum Essen!" Und dennoch gibt es Leute auf dieser Welt, die, wenn sie Tugenden sich an der Speisetafel entfalten sehen, wie solche sich nirgends anderswo entfalten, das herrliche Privilegium des Essens mit jenem kleinen Leiden des menschlichen Lebens in eine Kategorie stellen können, die uns die Notwendigkeit auferlegt – wie zum Beispiel das Zuknöpfen der Weste, oder das Zuschnüren des Korsetts! Einem solchen Ungeheuer vertraue man nimmer seine zarten Geheimnisse an, weder Gefühle der Liebe noch des Hasses, weder der Hoffnung noch der Furcht. Sein Herz wird von seinem Magen nicht gebessert, und die gesellschaftlichen Tugenden leben nicht in ihm.

VII.

Unter denjenigen Werken, welche am meisten für die unerhörte Erfindungskraft Wilkie Collins zeugen, ist „The Moonstone" (Der Mondstein) eines der hervorragendsten und am meisten gelesenen. Die ungemein verwickelte Intrige spottet jeder Bemühung, den Inhalt kurz wiederzugeben. Ich beschränke mich deshalb darauf, die Lektüre dieses köstlichen Sensationsromanes anzuempfehlen und die Aufmerksamkeit auf die staunenswerte Technik hinzulenken. Von dem Auftreten des Sergeant Cuff an lässt der Autor den Leser nicht mehr aus seinem Bann. Die Art und Weise, wie jedes scheinbar noch so unbedeutende Ereignis sich im Laufe der Handlung als höchst wichtig herausstellt, wie der Verdacht fortwährend irregeleitet wird, um schließlich an den Personen hangen zu bleiben, an deren Schuld man am wenigsten denken konnte – in all dem erkennt man die Hand des Meisters, dessen Kraft sich um so kühner entfaltet, je halsbrecherischer seine Aufgabe ist. Aber auch bei Gelegenheit dieses wirklichen Sensationsromanes betone ich, dass nicht die eminente Technik und Erfindung es allein ist, welche Collins aus den Reihen der literarischen Handwerksmeister zum Range einer künstlerischen Persönlichkeit erhebt, sondern vielmehr gewisse Feinheiten der Charakteristik und der Form, welche man gerade bei solcher spannenden Lektüre zu übersehen geneigt ist. Als solche Feinheiten hebe ich besonders das Interesse des Detektivs Cuff für Rosenzucht hervor, durch welches Collins diese Gestalt uns menschlich nahe rückt. Die Polizei spielt sowohl im Roman als im Drama meist die traurige Rolle eines mechanischen Hilfsmittels zur Herbeiführung der Lösung. Der Repräsentant der Polizei im Mondstein wird uns jedoch in seiner Originalität als Mensch ebenso vertraut wie in seiner Spezialität als Polizeimann, es ist ein Charakter, nicht ein Schema. Ferner mache ich auf die große psychologische Wahrheit in der Schilderung des Betragens Rachels aufmerksam. Eine Wahrheit, die wir freilich erst erkennen, wenn wir die Lösung des Geheimnisses erfahren haben. Die anfängliche Unverständlichkeit ihres Benehmens ist das einzige, was einem sehr feinfühligen Leser gleich anfangs den Schlüssel in die Hand geben könnte, und gerade das halte ich für einen Hauptbeweis für die Künstlerschaft des Verfassers, dass er nicht auf diese psychologische Wahrheit verzichtet, aus Furcht einer vorzeitigen Ahnung des Lesers. Der Charakter der Rosanna Spearman ist eine Studie, in welche sich der Autor mit augenscheinlicher Liebe vertieft hat. Die Motive, welche sie zum Selbstmord treiben, sind sehr geschickt kombiniert, und dadurch ist es dem Autor gelungen, diese pathologische Abnormität psychologisch begreiflich zu machen. An die kostbare Figur der Miss Clack knüpft sich für den Le-

ser, welcher Gelegenheit gehabt hat, diese Spezialität englischer Narrheit kennenzulernen, eine kostbare Satire auf das Treiben einer zahlreichen Sorte von Wohltätigkeitsvereinen und von jenen Traktätchenagen-
ten, welche auch in unseren deutschen Bädern vielfach dazu beitragen,
die Vorstellungen von dem englischen Spleen möglichst ins Groteske zu
ziehen. Aber auch hier wieder hat Collins alles getan, um uns die Figur
der Miss Clack, so lächerlich sie ist, nicht als absichtliche Karikatur erscheinen zu lassen.

Er hat wieder die Form der Berichterstattung durch Augenzeugen gewählt und wieder ist es ihm vortrefflich gelungen, das Portrait der
Schreiber durch ihren Stil zu verdeutlichen. Nur der alte Betteredge hat
sich bei Abfassung seines Manuskripts allzu ungeniert vom Autor helfen lassen. Die Figur selbst ist vortrefflich, aber mit seiner Selbstschilde-
rung steht es schief: Wir glauben nicht daran, trotzdem, oder vielmehr
gerade, weil er so naiv tut. Die Aufzeichnungen der Miss Clack dagegen
sind dem Charakter derselben meisterhaft angepasst und wirken nur
um so schlagender satirisch und humoristisch, je besser es dem Autor
gelungen ist, den Brustton der Überzeugung anzuschlagen.

Der Mondstein ist eines jener Werke von Collins, dessen Handlung so
verzwickt ist, dass man sie bald wieder vergisst und welches man aus
dem Grunde öfters lesen wird.

Wir haben bereits gesehen, wie Collins so gern eine Lücke im Gesetz
oder einen eigentümlichen Auswuchs desselben benutzt, um darauf die
Fabel eines Romans zu gründen. In seinem nächsten, umfangreichen
Werke „Man and Wife" (Mann und Weib) tritt er als rücksichtsloser
Bekämpfer einer schmählichen Eigentümlichkeit des schottischen Ehegesetzes auf und schreibt einen Tendenzroman, welcher geeignet ist,
des Lesers Blut vor Entrüstung wallen zu machen. Wir Deutsche können uns kaum die Möglichkeit eines so ungeheuerlichen Gesetzes in
einem zivilisierten Lande und in der zweiten Hälfte des neunzehnten
Jahrhunderts vorstellen, aber der Autor gibt uns in einem Nachtrag
autoritative Beweise für die Wirklichkeit jener Zustände. Es besteht
nämlich in Schottland das Gesetz, dass zwei Personen verschiedenen
Geschlechts, welche sich vor Zeugen als Eheleute anreden und gerieren,
von dem Moment an für wirklich verheiratet zu halten sind. Ebenso
genügt ein schriftliches Eheversprechen, vorausgesetzt, dass beide Teile
über 21 Tage in Schottland verweilt haben, zum Beweis einer legalen
Heirat. An diese beiden Voraussetzungen sind die Fäden der Intrige
geknüpft und werden mit erstaunlichem Geschick in- und wieder auseinander geschlungen. Die Handlung ist etwa folgende: Die Heldin,
Anne Silvester, deren Mutter durch eine gleichfalls schmachvolle Be-

stimmung des irischen Ehegesetzes nach einer langen Ehe für nicht rechtmäßig verheiratet erklärt worden ist, scheint wie durch ein Verhängnis den Fluch, der ihrer Mutter Glück zerstörte, überkommen zu haben. Sie wächst mit der Tochter der besten Freundin ihrer Mutter, Blanche Lundi, auf. Die körperliche Schönheit und Kraft eines geistig ganz rohen Menschen, Geoffrey Delamayn, verführen sie, ein heimliches Verhältnis mit ihm einzugehen, welches natürlich bald beide Teile gereut, da Anne die geistige Hohlheit und Brutalität des gewaltigen Boxers und Wettläufers immer mehr verachten lernt und jener ihrer bald überdrüssig wird. Als bei Anne sich die Folgen ihres Fehltrittes bemerkbar zu machen beginnen, drängt sie Geoffrey aufs Heftigste zur Heirat und nimmt seinen Vorschlag einer sofortigen heimlichen Ehe an. Sie entflieht aus dem Hause ihrer Freundin, nachdem Geoffrey ihr versprochen hat, binnen wenigen Stunden ihr nachzukommen, um die Trauung vollziehen zu lassen. Kaum ist sie fort, als Geoffrey die Nachricht erhält, sein Vater liege im Sterben. Dieser Vater ist derselbe, inzwischen zum Lord Holchester gewordene Advokat, welcher einst die Nichtigkeitserklärung der Ehe von Annes Mutter durchgesetzt hatte. Geoffrey, sein jüngerer Sohn, hat sich durch seine Lebensweise und durch seine bewiesene Unfähigkeit zu jedem standesgemäßen Beruf dem Vater so verhasst gemacht, dass er seine Enterbung fürchten muss. Es ist daher für ihn von höchster Wichtigkeit, am Sterbebette seines Vaters zugegen zu sein, um ihn womöglich umzustimmen. Er sendet einen liebenswürdigen, ehrlichen jungen Mann, welchem er einst das Leben rettete und sich ihn dadurch für immer verpflichtete, mit seiner Entschuldigung an Anne. Jener, Arnold Brinkworth ist sein Name, der Verlobte Blanches, erbittet sich eine schriftliche Bestätigung seines Auftrags, welche Geoffrey in der Eile des Aufbruchs auf einen alten Brief Annes schreibt. Da letztere sich in dem schottischen Gasthause, wohin sie sich geflüchtet hat, um überhaupt angenommen zu werden, als Frau ausgeben musste, deren Mann in wenigen Stunden nachkommen würde, so ist auch Arnold genötigt, sie dort als solche anzureden und sich als ihren Mann zu bezeichnen, denn die Wirtin ist eine puritanisch strenge Person, welche alleinstehenden Damen, die sie nicht als unzweifelhaft kennt, keine Unterkunft gewährt. Um diese Fiktion aufrecht zu halten, ist Arnold ferner genötigt, die Nacht in Annes Wohnzimmer zu verbringen. Jener Brief mit Geoffreys kühler Vertröstung auf „eine spätere Erfüllung seines Versprechens", welchen Anne in der ersten Aufregung zornig fortgeworfen hatte, wird von einem alten Schuft von Kellner aufgehoben und bewahrt. Holchester hat sich inzwischen wieder erholt und hat Geoffrey eine reiche und vornehme Heirat zur Bedingung für seine Verzeihung gemacht. Lady Holchester und sein älterer

Bruder haben bereits eine passende Partie für ihn gefunden, sodass Geoffrey nur zuzulangen braucht, um ein großes Vermögen und des Vaters Gunst zu gewinnen. Da ist ihm denn natürlich das Verhältnis zu Anne ein arger Klotz am Bein und er trachtet eifrig danach, es irgendwie zu brechen. Zufällig hört er, durch den vortrefflichen, liebenswürdigen Sir Patrick von jener eingangs erwähnten Bestimmung des schottischen Eherechts. Sofort erkennt er, dass der nichts ahnende Arnold nach diesen Bestimmungen mit Anne verheiratet sei, und verfolgt nun ohne jede Gewissensskrupel seine Heiratspläne. Anne, der er ins Gesicht gesagt hat, sie sei Arnolds Frau, muss wiederum fliehen. Sie kommt nach Glasgow, wo sie die Meinung zweier Rechtsgelehrten über ihren Fall einholt, welche jeder das Gegenteil vom anderen behaupten. Die Aufregung und die dadurch veranlasste vorzeitige Niederkunft werfen sie in eine lange Krankheit, während welcher Arnolds und Blanches Hochzeit stattfindet, ohne dass sie dazu kommen kann, ihn über Geoffreys Niederträchtigkeit aufzuklären. Auf der Hochzeitsreise erhält er erst die niederschmetternde Nachricht, dass seine Ehe vielleicht gar nicht legitim sei. - Inzwischen hat jener Kellner mit dem ominösen Briefe, welcher das Verhältnis zwischen Geoffrey und Anne klarlegt, Erpressungsversuche bei der Braut des letzteren, der reichen Mrs. Glenarn, gemacht. Durch eine Zeitungsindiskretion erfährt Anne davon und weiß durch Geld und Drohung den Besitzer des Doppelbriefes zur Herausgabe desselben zu zwingen. Als sie erfährt, dass nach dem Inhalte desselben sich eine schottische Ehe zwischen ihr und Geoffrey beweisen lasse, opfert sie sich großmütig für Blanches Glück auf, indem sie ihre Ansprüche an Geoffrey geltend macht. Durch die Anerkennung dieser früheren Heirat wird natürlich die mit Arnold behauptete hinfällig. Geoffrey, welchem durch diese Wendung der Dinge alle seine glänzenden Aussichten zerstört werden, sinnt auf fürchterliche Rache. Ehe er jedoch seinen Mordplan wider Anne ausführen kann, rührt ihn der Schlag in Folge der wahnsinnigen Übertreibung seiner athletischen Übungen und seines Branntweintrinkens.

Dies ist nur ein dürftiges Gerippe der überaus reichen Handlung. Die Erfindung von immer neuen retardierenden oder die Enthüllung fördernden Momente ist geradezu erstaunlich. Die eminente Kraft, mit welcher Wilkie Collins an jede, auch noch so geringfügige Äußerlichkeit die überraschendsten Wirkungen anzuknüpfen weiß, und mit welcher er jede, auch die fernste Folge unmerklich vorbereitet, ist für die Gattung der Kriminalgeschichte geradezu mustergültig. Was ihn jedoch, selbst in seinen Mord- und geheimniserfülltesten Erzählungen dennoch weit über das Niveau des gewöhnlichen Sensationsschriftstellers erhebt, das ist seine wirklich künstlerische Gestaltungskraft. Allerdings begeht er meistens den Fehler, dass er uns gleich das ganze psychologische Nationale einer neu auftretenden Figur mit dem Anspruch unterbreitet, dasselbe auf seine Autorität hin anzuerkennen. Trotz dieser etwas plumpen Manier der Einführung weiß er aber doch die meisten seiner Charaktere sehr lebendig und interessant zu gestalten. Auch „Mann und Weib" enthält wieder eine Fülle sehr glücklich erdachter und fein ausgeführter Gestalten. Da ist besonders der joviale, warmherzige und wenn er will, beißend satirische Sir Patrick zu nennen, welcher der Spiritus regens der ganzen verzwickten Nachforschungen ist, die im Interesse Annes und Arnolds angestellt werden. Ihm gegenüber steht mit ihrem ganzen Wesen sowohl, als auch mit ihrem Hass gegen Anne, Lady Lundie, Blanches Stiefmutter, deren laut verkündigter Pflichteifer, Katzenfreundlichkeit und Bosheit mit köstlichem Humor geschildert werden – freilich mit etwas dickem Farbenauftrag.

Der Clown des großen Personals ist jener verschlagene und versoffene Kellner Bishopriggs, dessen philosophische Selbstgespräche, salbungsvolle Vertraulichkeit und erfinderische Pfiffigkeit höchst ergötzlich wirken.

Einen Roman im Roman bildet die Lebensgeschichte der sich stumm stellenden Köchin Hester Dethridge, eine Episode, die um so packender wirkt, als in ihr wiederum ein schreiender Übelstand des englischen Ehegesetzes die Ursache entsetzlicher Leiden und das Motiv zu einem Morde wird. Hester ist nämlich an einen Trunkenbold verheiratet gewesen, welcher gesetzlich befugt war, ihre Möbel zu seinem Besten zu verkaufen und ihren Verdienst ihr abzufordern. Die Art und Weise, wie sie ihren Peiniger endlich umbringt, zeugt von der außerordentlichen Bekanntschaft des Verfassers mit den raffiniertesten Kniffen der Verbrecherwelt. Aber die Schilderung ihres Seelenzustandes vor der Tat zeigt ihn als ebenso feinen Psychologen. Es mag die betreffende Stelle aus Hesters Tagebuch hier als Probe dienen:

Es gibt Dinge, die eine Frau auch für sich selbst nicht niederschreiben kann. Ich will nur so viel sagen. Gerade in dem Augenblick, wo ich mir zum ersten Mal über die Art klar geworden war, wie ich meinem Mann das Leben nehmen könne, musste ich von ihm noch das Schlimmste erdulden, was einer Frau von einem verhassten Manne widerfahren kann. Um Mittag ging er aus, um die Runde durch die Kneipen zu machen, ich war um diese Zeit noch fester als vorher entschlossen, mich ein für alle Mal von ihm zu befreien, wenn er abends wieder nach Hause kommen würde.

Die Sachen, die wir am vorigen Tage bei den Reparaturen gebraucht hatten, waren unten im Wohnzimmer geblieben. Ich war ganz allein im Hause, und konnte mir die Unterweisung, die ich von ihm erhalten hatte, zunutze machen. Ich erwies mich als eine geschickte Schülerin. Noch ehe die Laternen auf der Straße angezündet waren, hatte ich in meinem und seinem Zimmer alles darauf vorbereitet, nachts, wenn er sich eingeschlossen haben würde, Hand an ihn zu legen. Ich kann mich nicht erinnern, dass mich während all jener Stunden etwas von Furcht oder Zweifel angewandelt hätte. Ich verzehrte mein bisschen Abendbrot mit nicht mehr und nicht weniger Appetit als gewöhnlich. Die einzige Veränderung in meinem Wesen, deren ich mich erinnern kann, war die, dass ich ein eigentümliches Verlangen empfand, jemanden bei mir zu haben, der mir hätte Gesellschaft leisten können. Da ich keine Freunde hatte, die ich zu mir bitten konnte, ging ich hinunter, stellte mich vor die Haustür und sah mir die Vorübergehenden an. Ein herumschlüpfender Hund kam zu mir heran. Im Allgemeinen mag ich weder Hunde noch Tiere überhaupt leiden; aber diesen Hund lockte ich hinein und gab ihm zu essen. Er war vermutlich dazu abgerichtet, sich auf die Hinterbeine zu setzen und so um Futter zu bitten, wenigstens drückte er bei mir sein Verlangen nach mehr so aus. Ich lachte, - es scheint mit jetzt kaum glaublich, wenn ich daran zurückdenke, aber es ist doch wahr, ich lachte, bis mir die Tränen über die Backen liefen, über das kleine Tier, wie es da auf seinen Hinterbeinen saß, mit gespitzten Ohren, den Kopf auf die eine Seite geneigt und wie ihm der Mund nach den Nahrungsmitteln wässerte. Ich möchte wohl wissen, ob ich damals recht bei Sinnen war; ich glaube es beinahe nicht. Nachdem der Hund die Überreste meines Abendbrots ganz verzehrt hatte, fing er an zu winseln, um wieder auf die Straße hinausgelassen zu werden. Als ich die Haustür öffnete, um das Tier hinauszulassen, sah ich meinen Mann gerade über die Straße auf das Haus zukommen. „Bleibe fort", rief ich ihm zu, „nur diese Nacht bleibe fort." Er war zu betrunken, um meine Worte zu hören, ging an mir vorüber und stolperte die Treppe hinauf. Ich folgte ihm und horchte auf der Treppe, und hörte, wie er seine Tür öffnete, wieder zuschlug und verschloss. Ich wartete ein wenig und ging dann ein paar Stufen weiter hinauf. Jetzt hörte ich, wie er aufs Bett fiel. Eine Minute später war er fest eingeschlafen und schnarchte laut. So war alles gekommen, wie es kommen musste. Nach Verlauf von zwei Minuten hätte ich ihn, ohne das Mindeste zu tun, was geeignet gewesen wäre, einen Verdacht gegen mich rege zu machen, ersticken können. Ich ging auf mein Zimmer und nahm das Tuch, das ich bereitgelegt hatte, zur Hand. Im Begriff, es zu tun, überkam mich plötzlich etwas, ich kann nicht deutlich sagen, was es eigentlich war, das Entsetzen packte mich und trieb mich fort zum Hause hinaus. Ich setzte meinen Hut auf, verschloss die Haustür von außen und nahm den Schlüssel zu mir.

Es war noch nicht zehn Uhr. Wenn irgendetwas in meinem verwirrten Kopf klar war, so war es der Wunsch, fortzulaufen und dieses Haus und meinen Mann nie wiederzusehen. Ich ging nach rechts hin bis ans Ende der Straße und kehrte wieder um; ich machte einen zweiten Versuch, Straße auf, Straße ab, aber zuletzt trieb es mich doch wieder nach dem Hause zurück. Ich sollte nicht fort, das Haus hielt mich an sich gefesselt, wie ein Hundehaus den an dasselbe geketteten Hund. Und wenn es mein Leben gekostet hätte, ich hätte nicht fort gekonnt.

In dem Augenblick, wo ich wieder ins Haus treten wollte, ging gerade eine Gesellschaft von lustigen jungen Männern und Frauen an mir vorüber. Sie hatten es sehr eilig.

„Beeilt euch", sagte einer der Männer, „das Theater ist hier ganz in der Nähe, und wir können gerade noch die Posse sehen."

Ich kehrte wieder um und folgte ihnen. Ich war sehr fromm erzogen worden und noch nie in meinem Leben in einem Theater gewesen. Der Gedanke fuhr mir durch den Kopf, dass es mich vielleicht, sozusagen, aus mir selbst herausreißen könnte, wenn ich etwas zu sehen bekäme, was mir ganz neu wäre, und was mich auf andere Gedanken bringen könnte. Die jungen Leute gingen ins Parterre und ich folgte ihnen dahin. Das Ding, was sie Posse nannten, hatte eben angefangen. Männer und Frauen kamen auf die Bühne, liefen hin und her, sprachen und gingen wieder weg. Es dauerte nicht lange und alle Leute im Parterre um mich her lachten aus vollem Halse und klatschten in die Hände. Der Lärm, den sie machten, ärgerte mich. Ich weiß nicht, wie ich den Zustand, in dem ich mich befand, schildern soll.

Meine Augen und meine Ohren versagten mir ihren Dienst zu sehen und zu hören, was die anderen Leute sagen und hörten. Es muss wohl etwas in meinem Gemüt gewesen sein, was sich zwischen mich und das auf der Szene Vorgehende drängte. Das Stück schien ganz lustig, aber dahinter steckte doch Gefahr und Tod. Die Schauspieler schwatzten und lachten, um die Leute zu betrügen und ihre Mordgedanken zu verbergen.

Und das merkte keiner außer mir, und meine Zunge war gefesselt, als ich versuchen wollte, es den anderen zu sagen.

Ich stand auf und lief hinaus. Kaum war ich auf der Straße, als mich meine Füße unwillkürlich nach dem Hause zurückbrachten. Ich rief einen Fiaker an, und hieß den Kutscher, mich soweit er es für einen Schilling könne, in der entgegengesetzten Richtung zu fahren.

Er setzte mich, ich weiß selbst nicht wo, ab. An der anderen Seite der Straße sah ich über einer offenen Tür eine illuminierte Inschrift. Auf meine Frage antwortete der Kutscher, es sei ein Tanzlokal. Tanzen war für mich etwas eben so Neues wie Theater. Ich hatte gerade noch einen Schilling bei mir, und gab ihn für das Entrée aus, um zu sehen, was mir das Tanzen für einen Eindruck machen würde. Die Lichter eines Kronleuchters machten den Saal so hell, als wenn er in Flammen gestanden hätte. Die Musik machte einen fürchterlichen Lärm. Das Herumwirbeln von Männern und Weibern, die einander in den Armen lagen, war ein Anblick zum Tollwerden. Ich weiß nicht, was hier in mir vorging. Das Licht, das sich vom Kronleuchter her über den Saal ergoss, erschien mir plötzlich blutrot. Der Mann, der vor den Musikanten stand, und einen Stock in der Luft hin und her schwenkte, sah für mich aus wie der Satan, wie er auf einem Bilde in unserer Familienbibel zu sehen war.

Die Männer und Weiber, die fort und fort im Saal herumwirbelten, hatten totenbleiche Gesichter und waren in Leichentücher gehüllt. Ich stieß einen Schrei des Entsetzens aus. Da ergriff mich jemand am Arm und führte mich zur Tür hinaus. Die Dunkelheit der Straße tat mir wohl, sie war mir behaglich und erquickend, wie, wenn sich eine kalte Hand auf eine heiße Stirn legt.

Ich ging im Dunkeln durch die Straßen ohne zu wissen wohin, in dem tröstlichen Glauben, dass ich meinen Weg verloren habe und dass ich mich bei Tagesanbruch meilenweit vom Hause entfernt finden würde.

Nach einer Weile fühlte ich mich zu erschöpft, um weiter zu gehen, und setzte mich auf eine Haustreppe nieder, um mich auszuruhen. Ich schlummerte ein wenig und erwachte wieder. Als ich aufstand, um wieder weiter zu gehen, sah ich zufällig die Haustür an. Sie trug dieselbe Hausnummer wie unser Haus. Ich sah genauer darauf und siehe da, ich hatte mich auf meiner eigenen Haustreppe ausgeruht. Alle meine Bedenken und alle meine inneren Kämpfe waren wie mit einem Schlage beseitigt, als ich diese Entdeckung machte. Ich konnte mich nicht länger darüber täuschen, was dieses beständige Zurückkehren nach dem Hause zu bedeuten habe; was ich auch zu tun versuchte, es sollte sein.

Ich öffnete die Haustür, ging hinauf und hörte ihn laut schnarchen, gerade wie er geschnarcht hatte, als ich fortgegangen war. Mich auf mein Bett setzend, nahm ich meinen Hut ab und fühlte mich völlig ruhig, weil ich wusste, es müsse geschehen. Ich feuchtete das Handtuch an, legte es in Bereitschaft und ging im Zimmer auf und ab.

Der Tag brach eben an. Die Sperlinge in den Bäumen auf dem nahe liegenden Square fingen an zu zwitschern. Ich zog das Rouleau auf. Die Morgendämmerung schien zu mir zu sprechen: „Tue es jetzt, bevor das Tageslicht dein Tun so hell bescheint."

Auch aus dem tiefen Schweigen, das rings um mich her herrschte, sprach eine freundliche Stimme zu mir: „Tue es jetzt und vertraue mir dein Geheimnis an." Ich wartete, bis die ersten Schläge der Kirchenuhr erklangen. Mit dem ersten Schlage legte ich ihm, ohne das Schloss an seiner Tür zu berühren, ohne einen Fuß in sein Zimmer zu setzen, das Handtuch aufs Gesicht. Und ehe die Glocke den letzten Schlag getan, hatte er aufgehört zu atmen. Als die Glocke schwieg und es wieder totenstill geworden war, lag auch er totenstill auf seinem Bette.

Die Hauptfigur des Romans erweckt in uns nur durch ihre edle Sinnesart Sympathien: als künstlerisches Produkt steht sie nicht über dem Niveau gewöhnlicher, aufopfernder Romanheldinnen. Sie hätte vielleicht an Interesse gewonnen, wenn uns ihr Fehltritt durch die detaillierte Erzählung der ganzen Verführungsgeschichte glaubhaft gemacht worden wäre. Der Autor motiviert aber das Fait accompli nur obenhin dadurch, dass Anne durch die körperlichen Vorzüge und den Athletenruhm Geoffreys bestochen worden sei. Das glauben wir aber nicht, denn er zeichnet später Anne als eine sehr feinfühlige, tief empfindende Natur. Im Übrigen gleicht sie, wie gesagt, sehr den leidenden Heldinnen englischer Romane und besonders denen Wilkie Collins' selbst, welche die immer höher auf sie gehäufte Last von Qualen mit unglaublicher Widerstandskraft ertragen und sich mit unbeugsamer Energie davon zu befreien suchen.

Auch Blanche erweckt kein intensives Interesse. Sie ist nur ein nettes, gutes Mädchen, welches sehr nett und gut gezeichnet ist.

Die andere Hauptperson des Romans, Geoffrey Delamayn, ist mit dem größten Nachdruck hervorgehoben und tritt mit dem Anspruch auf, als Typus einer außerordentlich zahlreichen Menschenklasse Jung-Englands zu gelten. Der Verfasser verficht seine Ansicht von der unberechenbaren Schädlichkeit der übertriebenen Freude am Sport mit einer gar scharf zugespitzten, schonungslosen Feder. Wir Deutschen werden mit am allerersten geneigt sein, seiner Philippika gegen das unmäßige Betreiben des Ruder-, Box- und Rennsports Beifall zu klatschen. Sind es doch gerade Angehörige dieser Gattung von jungen Engländern, welche durch ihre rohen Manieren und ihre Unverschämtheit die englische Nation bei uns diskreditieren und lächerlich machen helfen. Wir merken es allen den Abschnitten, welche von diesen Dingen handeln, an, wie die Verachtung dieser Menschengattung und der Ingrimm über die durch sie hervorgebrachte Korruption des Volksbewusstseins in dem Autor gegärt haben. Infolge dessen sind sie auch am brillantesten ausgeführt, und da sie uns ihres Gegenstandes wegen weit näher berühren, als die schottische Ehefrage, so halte ich mich für berechtigt, einen Teil der Auslassungen über die schädlichen Folgen des Sportwahnsinns und einen Teil der grotesk satirischen Beschreibungen seiner Äußerungen hierher zu setzen.

Als Geoffrey dieses auf dem Wege nach dem Hotel erwog, gelangte er zu dem Entschluss, dass es richtig sein würde, Anne dadurch hinzuhalten, dass er ihr mitteilte, wie die Dinge augenblicklich stünden. Im Hotel angekommen, setzte er sich hin, um den Brief zu schreiben, wurde unschlüssig und zerriss das Geschriebene, wurde wieder unschlüssig und fing von neuem an, wurde zum dritten Male unschlüssig, zerriss den Brief wieder, sprang auf und gestand sich in nicht wiederzugebenden Ausdrücken, dass er, wenn es ihm auch das Leben kosten sollte, nicht zu einem Entschluss darüber gelangen könne, was das Richtige sei, zu schreiben oder zu warten. In diesem kritischen Augenblick gab ihm sein gesunder physischer Instinkt physische Mittel als Erleichterung an die Hand. „Mir ist zumute, als stecke ich in einem Sumpfe, ich will ein Bad nehmen." Er ging in eine große, viele Räume umfassende und mit Einrichtungen zu allen möglichen Lagen und Körpermanipulationen eingerichtete Badeanstalt. Er nahm ein Dampfbad, dazu ein Vollbad, dann ein Regenbad und ein gewaltiges Sturzbad. Er legte sich auf den Rücken, dann auf den Bauch, die Badediener kneteten und rieben ihn voll Ehrerbietung vom Kopf bis zum Fuß mit wohlgeübten Händen. Nach diesen Prozeduren sah er glatt, rein, rosig und schön aus. Er kehrte nun ins Hotel zurück und fing an zu schreiben, aber siehe da, die unerträgliche Unentschlossenheit war nicht von ihm gewichen, hatte sich nicht wegbaden lassen wollen. Dieses Mal sollte Anne an allem Schuld sein. „Die verfluchte Person wird mich noch ruinieren", sagte Geoffrey, indem er seinen Hut ergriff, „ich will es noch einmal mit den Hanteln versuchen." Um durch dieses neue Mittel sein träges Gehirn aufzustacheln, musste er in ein benachbartes Gasthaus gehen, dessen Wirt ein Läufer war, der die Ehre gehabt hatte, ihn verschiedene Male zu öffentlichen athletischen Wettkämpfen einzuüben. „Ein Zimmer für mich und die schwersten Hanteln, die Sie haben!" rief ihm Geoffrey entgegen.

Er zog sich Rock und Weste aus und ging mit den schweren Gewichten in jeder Hand an die Arbeit, indem er sie auf und niederwärts, vorwärts und rückwärts nach jeder erdenklichen Richtung hin schwang, bis seine prachtvollen Muskeln so gespannt waren, dass die geschmeidige Haut bersten zu wollen schien. Allmählich fingen seine Lebensgeister an, wieder wach zu werden. Die starken Körperübungen wirkten berauschend auf den starken Mann. Seiner Aufregung gab er durch die heillosesten Flüche Ausdruck, indem er in Erwiderung der ihm reichlich gespendeten Beifallsbezeugungen des Gymnastikers und seines Sohnes abwechselnd Donner und Blitz, Pulver und Blei rief. „Tinte, Feder und Papier her!" schrie er, als er endlich von der Körperübung erschöpft war, „ich habe mich entschlossen, ich will schreiben und die Sache los sein!"

Wie gesagt, so getan; er ging ans Werk und beendigte den Brief auf der Stelle; im nächsten Augenblick hätte der Brief sicher im Postkasten gelegen. Aber gerade in diesem Augenblick ergriff ihn wieder seine krankhafte Unentschlossenheit. Er öffnete den Brief wieder, las ihn nochmals und zerriss ihn dann wieder. „Nun weiß ich doch noch nicht, was ich

will!" rief Geoffrey, indem er seine großen, wilden, blauen Augen auf
den Professor der Gymnastik heftete. „Donner und Blitz, Pulver und
Blei! Lassen Sie Crouch kommen." Crouch war überall da, wo englische
Mannhaftigkeit respektiert wurde, ein bekannter und hochgeschätzter,
ins Privatleben zurückgetretener Preisfechter. Er erschien jetzt mit dem
dritten und letzten Geoffrey Delamayn bekannten Mittel, seinen Geist
freizumachen, nämlich mit zwei Paar Boxhandschuhen in einem Reise-
sack. Geoffrey und der Preisfechter zogen die Handschuhe an und stellten sich in der klassisch korrekten Stellung erprobter Faustkämpfer einander gegenüber. „Aber keine Spielerei!" brummte Geoffrey; „schlagen
Sie ordentlich, Sie Schuft! Als ob es wieder um Preise ginge."

Kein Mensch auf der Welt wusste besser, was wirkliches Schlagen heißt
und welche furchtbaren Schläge selbst mit anscheinend so harmlosen
Waffen, wie es wattierte Handschuhe sind, ausgeteilt werden können, als
der große, schreckliche Crouch. Er tat aber auch nur, als ob er sich den
Wünschen Geoffreys füge. Dieser belohnte ihn für seine Höflichkeit und
Rücksichtnahme damit, dass er ihn zu Boden schlug. Der große
Schreckliche erhob sich wieder, ohne eine Miene zu verziehen.

„Gut getroffen, gut getroffen! Mr. Delamayn!" sagte er, „versuchen Sie es
jetzt mit der anderen Faust."

Geoffrey war nicht so kaltblütig geblieben, indem er Tod und
Verderben auf die schon oft genug braun und blau geschlagenen
Augen Crouchs herniederrief, drohte er, ihm für immer seine Gunst und
Protektion zu entziehen, wenn er nicht seine verfluchte Höflichkeit auf-
gebe und auf der Stelle gewaltig zuschlüge.

Der Held von hundert Faustkämpfen verzagte vor der ihm gestellten
Aussicht. „Ich habe eine Familie zu ernähren!" bemerkte Crouch, „wenn
Sie es aber durchaus wünschen, da haben Sie's!"

Geoffrey stürzte mit solcher Gewalt zu Boden, dass das ganze Haus davon erdröhnte; aber im Augenblick stand er wieder auf den Beinen und
war auch jetzt noch nicht befriedigt. „Ach was, mit Ihrem Umwerfen,
schlagen Sie ordentlich auf den Kopf, Donner und Blitz, Pulver und Blei!
Schlagen Sie mir die Geschichte heraus, zielen Sie nach dem Kopfe."

Der gehorsame Crouch zielte nach dem Kopfe. Die beiden gaben und
empfingen Schläge, die jedes zivilisierte Mitglied der menschlichen Gesellschaft auf der Stelle bewusstlos gemacht, vielleicht getötet haben würde. Der Handschuh des Preisfechters fiel jetzt wie
ein Hammer abwechselnd auf die eine und dann auf die andere
Seite des eisernen Schädels seines vornehmen Gegners, Schlag
auf Schlag, grässlich anzuhören, bis endlich Geoffrey selbst sich
für befriedigt erklärte. „Ich danke Ihnen, Crouch", sagte er zum
ersten Male in einem höflichen Tone. „Nun ist es gut! Jetzt fühle
ich mich frisch und klar", er schüttelte drei bis vier Mal den Kopf,

trank ein mächtiges Glas Bier und fand seine gute Laune wie durch einen Zauber wieder.

„Wünschen Sie wieder Feder und Tinte?" fragte sein gymnastischer Wirt.

„Nein!" antwortete Geoffrey, „jetzt bin ich die Geschichte los, hole der Teufel Feder und Tinte. Ich will einige meiner Kameraden aufsuchen und mit ihnen ins Theater gehen." Er verließ das Wirtshaus in der glücklichsten und heitersten Stimmung. Durch die stimulierende Wirkung von Crouches Handschuhen begeistert, hatte er die lähmende Schläfrigkeit seines Hirns abgeworfen und fühlte sich wieder ganz im Besitz seiner natürlichen Schlauheit. „An Anne schreiben? Welcher vernünftige Mensch würde das ohne die äußerste Not tun. Wir wollen ruhig abwarten und sehen, was die nächsten achtundvierzig Stunden bringen und dann schreiben oder sie im Stich lassen, je nachdem die Dinge sich gestalten werden." Das war ja so klar wie der Tag für jeden, der sehen konnte, und dank dem großen Crouch konnte er jetzt sehen und so ging er fort in der richtigen Stimmung für ein munteres Dinner und einen A-bend im Theater mit seinen Universitätsfreunden.

Natürlich ist diese Schilderung der komischen Wirkung halber gehörig übertrieben, darum aber nicht minder charakteristisch.

Nach dieser Probe wird wohl jedermann den folgenden Anschauungen Sir Patricks Recht geben:

Jedermann bei gesundem Menschenverstand muss es zugeben, dass in den meisten Fällen ein Mann um so geschickter zu geistiger Tätigkeit sein wird, je mehr er in verständiger Weise die Entwicklung seiner körperlichen Kräfte mit der Tätigkeit seines Geistes zu verbinden weiß; streitig ist nur die Frage nach dem richtigen Verhältnis beider Tätigkeiten, und was ich unserer Zeit vorwerfe, ist, dass sie für das richtige Verhältnis eben keinen Sinn hat. Die öffentliche Meinung in England scheint mir auf dem Wege, die Entwicklung der Muskelkraft der Ausbildung des Geistes nicht gleich zu achten, sondern sich praktisch, wenn nicht theoretisch, zu der absurden Übertreibung zu versteigen, dass sie körperliche Übungen als das wichtigste und Ausbildung des Geistes als das weniger Wichtige betrachtet. Nehmen wir einen bestimmten Fall an. Ich finde in der Nation keinen Enthusiasmus, der an Intensität und Allgemeinheit entfernt dem durch ihre Universitäts-Wettruderkämpfe angeregten gleichkäme und weiter, ich finde, dass Ihre athletische Erziehung zu einem Gegenstande öffentlicher Feste in Schulen und Kollegien gemacht wird; und nun frage ich jeden Unbefangenen, was den öffentlichen Enthusiasmus am meisten anregt und was den hervorragendsten Platz in den öffentlichen Blättern einnimmt: die in den Schulen stattfindende Schaustellung dessen, was die Schüler mit ihrem Geiste vermögen, oder die an Wettagen stattfindende Schaustellung dessen, was die

Schüler mit ihrem Körper zu leisten imstande sind? Sie wissen sehr gut, welche die öffentlichen Blätter am meisten beschäftigt und welche als natürliche Konsequenz dem Helden des Tages die höchsten gesellschaftlichen Ehren einbringt.

Wo ist der Einfluss dieses modernen Ausbruches der männlichen Begeisterung auf die ernsten Angelegenheiten des Lebens, und in welcher Beziehung hat er auf den Charakter des Volkes im Allgemeinen günstig gewirkt? Sind wir mehr bereit, unsere eigenen kleinen Privatinteressen dem öffentlichen Wohle zu opfern, als es unsere Vorfahren waren? Behandeln wir die ernsten sozialen Fragen unserer Zeit in einer redlicheren und entschiedeneren Weise? Haben sich unsere sittlichen Begriffe von dem, was im Handel und Wandel zulässig oder nicht zulässig ist, geläutert? Herrscht in den öffentlichen Belustigungen, welche überall und in allen Ländern ein getreues Abbild des öffentlichen Geschmacks sind, ein besserer und feinerer Ton? Geben Sie mir auf diese Fragen unter Beibringung überzeugender Beweise bejahende Antworten und ich will zugeben, dass der gegenwärtig herrschende Fanatismus für athletische Spiele etwas Besseres ist, als eine neue Form unserer alten insularen Prahlsucht und Barbarei! ...

Ich behaupte, dass ein Zustand der Dinge, bei welchem die herrschenden Anschauungen dazu führten, die Entwicklung der Körperkraft praktisch über geistige und moralische Ausbildung zu setzen, ein positiv schlechter und gefährlicher ist, weil er das angeborene Widerstreben des Menschen, sich den Forderungen, welche sittliche und geistige Ausbildung notwendig an ihn stellen, zu widersetzen ermutigt. Was tut ein Knabe am liebsten? Versucht er lieber, wie hoch er springen oder wie viel er lernen kann? Mit welcher Art von Übungen beschäftigen sich junge Leute am liebsten? Mit der Übung im Handhaben eines Ruders oder mit der Übung in der Befolgung der Lehren, die uns vorschreiben, Böses mit Gutem zu vergelten und unsere Nächsten wie uns selbst zu lieben? Welchen von diesen Versuchen, welche von diesen beiden Übungen musste die englische Gesellschaft am eifrigsten befördern und welcher Versuch und welche Übung befördert sie in der Tat am eifrigsten?

Ich habe gesagt, dass ein Mann nur um so geschickter sein werde, sich mit geistigen Dingen zu beschäftigen, je mehr er seine Körperkräfte entwickelt habe und ich sage das noch einmal, vorausgesetzt, dass die Entwicklung der Körperkraft in gehörigen Schranken bleibt. Aber wenn die herrschenden Anschauungen dazu führen, die Entwicklung der Körperkraft geradezu über die Ausbildung des Geistes zu setzen, so behaupte ich, dass sich diese Anschauungen zu einem gefährlichen Extrem versteigen. Dann wird die Körperkraft den ersten Platz in den Gedanken der jungen Leute einnehmen, ihr Interesse am meisten fesseln, den Löwenanteil ihrer Zeit in Anspruch nehmen und auf diese Weise, abgesehen von den wenigen rein exzeptionellen Fällen, langsam und sicher dahin führen, die jungen Leute für alle guten, sittlichen und geistigen Zwecke unempfänglich und zu ungebildeten, vielleicht gar gefährlichen Menschen zu machen.

Ein Mann kann von guter Familie, in guten Verhältnissen, gut gekleidet und gut genährt sein, aber wenn er ungebildet ist, so ist er aller dieser sozialen Vorteile ungeachtet, bei seinem Mangel an Bildung, ein zum Bösen besonders geneigter Mensch. Missverstehen Sie mich nicht. Ich bin weit entfernt zu behaupten, dass die gegenwärtig herrschende Leidenschaft für ausschließlich körperliche Ausbildung unvermeidlich zur tiefsten Verderbnis führen muss. Zum Glück für die Gesellschaft ist mehr oder weniger alle Schlechtigkeit der Individuen vor allem das Resultat einer besonderen Versuchung. Die überwiegende Mehrzahl aller Menschen geht, Gott sei Dank! Durchs Leben ohne anderen, als den gewöhnlichen Versuchungen ausgesetzt zu sein. Tausende der jungen Männer, die sich der Lieblingsbeschäftigung unserer Zeit hingeben, gehen durchs Leben, ohne schlimmere Folgen für sich davonzutragen, als einen rohen Ton, ein rohes Benehmen und eine beklagenswerte Unempfänglichkeit für die höheren und milderen Gefühle, welche das Leben gebildeter Menschen reinigen und erfreuen. Nehmen Sie aber den andern Fall, der jedem von uns begegnen kann, den Fall einer besonderen Versuchung, die an einen jungen Mann unserer gesellschaftlichen Stellung herantritt, und lassen Sie mich Mr. Delamayn bitten, dem, was ich jetzt zu sagen habe, ein geneigtes Ohr zu leihen, weil es eben das ist, was ich wirklich ursprünglich ausgesprochen habe und was wesentlich von dem verschieden ist, womit er einverstanden zu sein sich das Ansehen gibt und was ich in der Tat nie behauptet habe.

Nehmen wir also den Fall, von dem ich eben rede, den Fall eines jungen Mannes unserer Zeit, der sich aller Vorteile einer körperlichen Ausbildung erfreut. Nehmen wir an, dass an einen solchen jungen Mann eine Versuchung herantritt, welche es ihm nahe legt, in seinem eigenen Interesse die wilden Instinkte, welche in jeder Menschenbrust schlummern, die Instinkte der Selbsthilfe und der Grausamkeit, welche allen Verbrechen zugrunde liegen, zur Anwendung zu bringen. Nehmen wir weiter an, dass dieser junge Mann einer anderen Person, die ihm nichts zuleide getan hat, in einem Verhältnis gegenübersteht, welches ihn vor die Alternative stellt, entweder diese andere Person oder seine eigenen Wünsche und Interessen zu opfern. Nehmen wir an, dass das Glück und das Leben seines Nebenmenschen ihm bei Erreichung seiner Wünsche im Wege steht, dass er das Glück und das Leben dieses Menschen vernichten kann, ohne sich einer erkennbaren Gefahr auszusetzen. Was kann ihn bei der Erziehung, die ihm zuteilgeworden ist, abhalten, unter gänzlicher Nichtachtung seines Nebenmenschen gerade auf sein Ziel loszugehen? Glauben Sie, dass die Geschicklichkeit im Rudern, die Schnelligkeit im Wettlaufen, die bewunderungswürdige Ausdauer in anderen körperlichen Übungen, welche er sich durch anhaltende Pflege seiner Körperkräfte unter Ausschluss der Ausbildung seines Geistes angeeignet hat, glauben Sie, dass diese körperlichen Fähigkeiten ihm dazu nützen werden, einen rein sittlichen Sieg über seine Selbstsucht und Grausamkeit davon zu tragen? Sie werden nicht einmal hinreichen, ihn erkennen zu lassen, dass er aus Selbstsucht und Grausamkeit handelt. Das leitende Prinzip bei seinen Ruder- und Wettkämpfen besteht gerade darin, sich jedes Vorteils über seinen Nebenmenschen zu bedienen, den er mit seiner überlegenen Kraft und überlegenen List erringen kann. In seiner Erziehung hat nichts gelegen, was seine barbarische Herzenshärte hätte mildern und die barbarische Finsternis seines Geistes hätte klären können. Wenn die Versuchung an einen solchen Menschen herantritt, so findet sie ihn wehrlos, gleichviel wer er ist und wie hoch er zufällig auf der sozialen Stufenleiter steht; er ist in jeder sittlichen Beziehung ein Tier und weiter nichts. Wenn mein Glück ihm im Wege steht, so wird er, wenn er es ungestraft zu tun hoffen kann, dieses Glück mit Füßen treten und wenn ihm demnächst mein Leben im Wege ist, so wird er, wenn er es ungestraft tun kann, auch dieses vernichten, und zwar wird er das, mein werter Mr. Delamayn, nicht tun als ein Opfer eines unabwendbaren Verhängnisses oder eines blinden Zufalls, sondern als ein Mann, der erntet, was er gesät hat. Das, Mr. Delamayn, ist der Fall, den ich als einen äußersten im Beginn der Diskussion aufgestellt habe. Nur als einen solchen äußersten, aber zugleich vollkommen möglichen Fall stelle ich ihn jetzt abermals auf!

Wenn Sie mir das Recht bestritten, ein solches Beispiel zur Illustration meiner Ansicht zu wählen, so müssen Sie entweder leugnen, dass eine Versuchung zur Schlechtigkeit einem Manne in einer guten sozialen Stellung nahe treten kann, oder Sie müssen behaupten, dass nur Leute, die von Natur über jede Versuchung erhaben sind, sich athletischen Übungen hingeben können; das ist meine Verteidigung. - Bei der Aufstellung meines Falles hat mich meine aufrichtige Hochachtung für sittliche Reinheit und Bildung und meine aufrichtige Bewunderung für diejenigen jungen Leute unter uns geleitet, welche der ansteckenden Wirkung der um sie her herrschenden Barbarei Widerstand leisten. Auf ihrer Zukunft ruht die Hoffnung für die Zukunft Englands. Ich bin zu Ende!"

Der ganze Groll, den der Verfasser gerechterweise über diese Degeneration der vaterländischen Jugend empfindet, macht sich gegen das Ende des langen Romans noch einmal Luft in den bitter sarkastischen Bemerkungen, welche einem Fremden, der dem Wettlaufen beiwohnt, in den Mund gelegt werden, und mit welchem ich meine Besprechung des Werkes schließe:

Der Fremde mischte sich unter die versammelte Menge und sah sich das soziale Schauspiel, das sich seinen Blicken darbot, etwas genauer an.

Er hatte dieselben Menschen schon bei anderen Gelegenheiten gesehen, zum Beispiel im Theater, und hatte dort ihre Sitten und Gebräuche mit

Staunen und Überraschung beobachtet. So oft der Vorhang fiel, zeigten sie ein so geringes Interesse an dem, was sie eben auf der Bühne gesehen hatten, dass sie sich während der Zwischenakte laut miteinander unterhielten.

Bei offener Szene aber nahmen sie das dargestellte Stück, wenn es an die höheren und edleren Regungen des menschlichen Gemüts appellierte, gelangweilt oder mit höhnischen Bemerkungen auf. Nach der vorherrschenden Anschauung dieser Landsleute Shakespeares hatte der dramatische Schriftsteller nur zwei Pflichten, sie lachen zu machen und sich so kurz wie möglich zu fassen. Die beiden größten Verdienste eines Bühnenbesitzers in England bestanden, nach dem seltenen Applaus der gebildeten Besucher seines Theaters zu urteilen, darin, sehr viel Geld für seine Dekorationen auszugeben und möglichst viel Balletttänzerinnen zu engagieren.

Und nicht bloß im Theater, sondern auch an anderen öffentlichen Orten und in anderen Versammlungen hatte der Fremde, so oft er an das Denkvermögen und das Herz der eleganten englischen Gesellschaft appellierte, dieselbe stumpfe Apathie und dieselbe stupide Geringschätzung beobachtet. Auf allen Mienen las man deutlich: der Himmel bewahre uns davor, an irgendetwas anderem Vergnügen zu finden, als an groben Scherzen und Skandal, und vor irgendetwas anderem Respekt zu haben, als vor Rang und Geld.

Hier war das alles anders. Hier zeigte sich das starke Gefühl, das atemlose Interesse, der echte Enthusiasmus, den man anderswo vergebens suchte. Hier standen die stolzen Herren, die es nicht der Mühe wert fanden den Mund aufzutun, wenn es sich um einen Kunstgenuss handelte und schrieen sich in unausgesetzten Ausbrüchen fanatischen Beifalls heiser. Hier saßen die zarten Damen, die schon bei der Idee, nachdenken und empfinden zu müssen, hinter ihren Fächern gähnten, und wehten, unter ihrer Schminke vor Aufregung errötend, begeistert mit ihren Schnupftüchern.

Der Fremde betrachtete dieses Schauspiel und suchte sich die Bedeutung desselben, nach den ihm als Bewohner eines zivilisierten Landes geläufigen Gesichtspunkten, klar zu machen.

Er war noch mit diesem Versuch beschäftigt, als etwas Neues seine Aufmerksamkeit in Anspruch nahm.

Einige Hürden, welche dazu gedient hatten, den gegenwärtigen befriedigenden Zustand der Ausbildung der Springkunst unter den höheren Klassen der Gesellschaft vorzuführen, wurden fortgenommen. Die privilegierten Personen, welche bestimmte Pflichten in dem freien Raum zu erfüllen hatten, sahen sich in demselben um und verschwanden dann einer nach dem andern. Atemlos gespannte Erwartung durchdrang die ganze Versammlung. Offenbar sollte jetzt etwas besonders Interessantes und Wichtiges an die Reihe kommen.

Plötzlich wurde das Schweigen durch ein Hurrageschrei des auf der Landstraße außerhalb der Rennbahn stehenden Pöbels unterbrochen. Die Leute sahen sich einander mit aufgeregten Blicken an und riefen: „Einer von Ihnen ist da."

Wieder trat ein allgemeines Schweigen ein, das abermals durch Beifallsgeschrei unterbrochen wurde. Die Leute nickten einander mit dem Ausdruck der Erlösung zu und riefen: „Jetzt sind sie beide da." Und dann trat wieder das Schweigen der gespannten Erwartung ein, und alle Augen wandten sich einem bestimmten Punkte des freien Raumes zu, an welchem sich ein kleiner hölzerner Pavillon befand, vor dessen offenem Fenster die Jalousien herabgelassen waren und dessen Tür geschlossen war.

Die atemlose Stille der großen Menschenmenge um ihn her machte einen tiefen Eindruck auf den Fremden. Er fing an, ohne selbst zu wissen warum, an dem Vorgange einen lebhaften Anteil zu nehmen. Er fühlte, dass er im Begriff stehe, das englische Volk zu verstehen.

In diesem Augenblick wurde offenbar eine sehr feierlich ernste Zeremonie vorbereitet. Sollte wohl ein großer Redner sich anschicken, das Wort an die versammelte Menge zu richten, oder wollte man die Gedenkfeier eines ruhmwürdigen Ereignisses begehen, oder endlich, sollte hier ein Gottesdienst abgehalten werden?

Der Fremde blickte abermals umher, ob er sich noch irgendwo die gewünschte Auskunft verschaffen könne. Zwei Herren, die in ihrer Erscheinung in Rücksicht auf seine Manieren von den meisten der anwesenden Zuschauer vorteilhaft abstachen, bahnten sich eben in diesem Augenblick, da wo der Fremde stand, langsam einen Weg durch die Menge hindurch. Er fragte dieselben mit respektvoller Höflichkeit, welcher Art die Nationalfeier sei, die eben vorbereitet würde.

Er erhielt die Auskunft, dass ein paar starke, junge Männer im Begriff ständen, eine gewisse Anzahl von Malen um den freien Raum herumzulaufen, und zwar zu dem Zweck, um festzustellen, wer von Beiden am schnellsten laufen könne.

Der Fremde erhob Hände und Augen zum Himmel und rief: „O, du weise Vorsehung! Wer hätte es für möglich gehalten, dass auf deiner Welt auch Geschöpfe wie diese wandeln?!"

Mit diesem Aufruf wandte er der Rennbahn den Rücken und ging von dannen.

Auf seinem Heimwege wollte der Fremde sich seines Taschentuchs bedienen und gewahrte, dass es fort sei. Er fühlte dann nach seiner Börse und fand, dass auch sie verschwunden sei. Als er wieder in sein Vaterland zurückgekehrt war, wurden wissbegierige Fragen über England an ihn gerichtet. Er hatte nur eine Antwort auf alle diese Fragen: „Die ganze Nation ist mir ein Rätsel. Von allen Engländern sind mir nur die englischen Diebe ganz verständlich."

VIII.

Einer der besten und neben Hide und Seek der erfreulichste und psychologisch interessanteste ist der in Deutschland unter dem Titel „Die Blinde" bekannte Roman unseres Autors „Poor Miss Finch". In diesem vortrefflichen Werke werden wir endlich einmal mit Kriminal- und Gespenstergeschichten verschont und erhalten dafür eine höchst fesselnde Erzählung voll psychologischen wie pathologischen Interesses. Anstelle des sonst unvermeidlichen genialen Detektivs oder Advokaten, welcher das übliche geheimnisvolle Verbrechen ans Tageslicht bringt, ist hier ein deutscher Augenarzt getreten, welcher die Katastrophe herbeiführt, indem er der blinden Heldin die Sehkraft wiedergibt. Man glaube aber nicht, dass in diesem Werke nur die Gerichtsstube mit dem Krankenzimmer und die Prozessakten mit der Lanzette vertauscht seien: Es ist vielmehr in „Poor Miss Finch" der Schwerpunkt des Interesses auf die wirklich tiefen, seelischen Konflikte und nicht auf die Spannung der Neugierde durch eine verwickelte Intrige gelegt.

Es handelt sich nämlich um folgendes: In einem entlegenen Dorfe Südenglands lebt die seit ihrer frühesten Kindheit blinde Tochter des Dorfpastors Finch ein stilles, zufriedenes Leben, im Vaterhause selbst abgeschieden von der lärmenden Kinderschar aus der zweiten Ehe des Pastors. Ein junger Mann, welcher unter dem falschen Verdacht eines Mordes vor den Assisen gestanden hat, zieht sich in die Einsamkeit seines Dörfchens zurück, da seine allzu empfindliche Natur sich scheut, mit dem Brandmal jenes schmählichen Verdachtes in der großen Welt zu leben. Die blinde Miss Finch begegnet ihm und verliebt sich in seine Stimme. Er, Oscar Dubourg, erwidert sehr bald ihre Liebe und da er sehr wohlhabend ist, steht eigentlich nichts ihrer Verbindung im Wege. Da stellen sich bei ihm epileptische Zufälle ein, welche die Heirat unmöglich machen würden, wenn er sich nicht zur Anwendung des Höllensteins entschlösse, welcher, innerlich genommen, bekanntlich eine graublaue Färbung der Haut erzeugt. Nun hat seine Verlobte, wie viele Blinde, eine instinktive Abneigung vor dunkeln Farben und der schwache Oskar kann sich infolgedessen nicht entschließen, ihr seine Entstellung einzugestehen. Die Hochzeit ist bereits nahe in Aussicht genommen, als Oskars, ihm in allen Dingen, mit Ausnahme des Charakters, höchst ähnlicher Zwillingsbruder Nugent kommt, um seine zukünftige Schwägerin kennenzulernen. Er fasst sofort eine wahnsinnige Leidenschaft zu ihr, welche er lange Zeit seinem ihn vergötternden Bruder zuliebe zu verbergen sucht. Er hat auf seinen Reisen einen hervorragenden deutschen Augenarzt namens Grosse kennengelernt. Dieser kommt und erklärt eine Operation für aussichtsvoll. Miss Finch ist überglücklich in der Hoffnung, ihren Geliebten vielleicht bald sehen zu können, Oscar aber widersetzt sich der Operation aus naheliegenden Gründen. Sie wird dennoch vollzogen und gelingt. Je näher der Tag rückt, an welchem die Binde abgenommen werden soll, desto unwiderstehlicher tritt an Nugent die Versuchung heran, in jenem entscheidenden Augenblick zugegen zu sein, um zu versuchen, ob Miss Finch nicht ihn für Oscar halten und beim Anblick des blauen Gesichts seines Bruders einen alle Liebe unmöglich machenden Abscheu empfinden würde. Oscar hat ihr nämlich weiß gemacht, dass sein Bruder der blaue Mann sei, von dem sie durch die Kinder gehört hat. Nugent erreicht wirklich seinen Zweck. Als die Binde abgenommen wird, hält Miss Finch ihn für Oscar und kehrt sich schaudernd von dem wahren Oscar ab. Jener ist in seiner Verzweiflung noch so aufopfernd, dass er seinem Bruder zuliebe alle Ansprüche auf seine Braut aufgibt und ins Ausland geht. Die Aufdeckung der grausamen Täuschung, in welcher sich Lucilla (so heißt Miss Finch) befindet, darf noch nicht gewagt werden, da alles darauf ankommt, ihre geistige Ruhe nicht zu stören, solange ihre Augen noch so empfindlich sind. Sie wird unter Aufsicht einer Tante, welche von der Entstellung ihres Bräutigams nichts weiß, in ein Seebad geschickt, und diese günstige Gelegenheit benutzt Nugent, um seine Rolle als Oscar weiter zu spielen. Lucilla ist aber nicht glücklich in seiner Nähe; sie kann sich diesen Abstand im Wesen des früheren von dem des jetzigen Oscars nicht erklären; sie empfindet bei seinen Liebkosungen nichts, und in seiner, durch das quälende Schuldbewusstsein oft gereizten Stimmung verletzt er Lucilla häufig so sehr, dass sie sich fast zwingen muss, an ihre Liebe zu ihm zu glauben. Die ewigen Aufregungen, die sein Betragen ihr verursacht, und das unmäßig lange Schreiben an ihrem Tagebuch, in welches sie aus Mangel einer Freundin das Herz ausschüttet, rauben ihr allmählich wieder das kaum gewonnene Augenlicht. Nugent, welcher täglich die Entdeckung des Betruges fürchten muss, besonders da Doktor Grosse erklärt, er werde seiner Patientin alles sagen, wenn er sich nicht selbst entschlösse, sein schmachvolles Spiel aufzugeben, zwingt Lucilla sich mit ihm heimlich zu verheiraten. Er bringt sie für die Zeit, welche zur Beschaffung der erforderlichen Papiere nötig ist, quasi als Gefangene in das Haus einer Verwandten. Dort findet sie durch die Bemühungen der treuen Gesellschafterin Lucillas Oscar zwei Tage vor der Hochzeit auf. Die Aufklärung erfolgt endlich. Die wieder gänzlich erblindete Lucilla nimmt nicht den geringsten Anstoß an dem „blauen Mann", denn bei seiner ersten Berührung kehrt das selige Gefühl, welches sie früher dabei empfand, zurück und sie ist glücklich in ihrer Blindheit wie früher. Nugent ist tief zerknirscht und geht den Liebenden aus dem Wege, in dem er sich einer Nordpolexpedition anschließt.

Was in diesem flüchtigen Umriss unwahrscheinlich klingt, ist in der Erzählung vortrefflich motiviert: es fehlt auch nicht ein Glied in der fest gefügten Kette von Ursache und Wirkung. Die Charaktere sind mit wirklicher Meisterschaft dargestellt, detailliert in der Zeichnung und seelisch vertieft, wie in keinem anderen Romane Collins. Die Figur der armen Miss Finch ist die liebenswürdigste, welche er je geschaffen hat. Ihre madonnenhafte Anmut, ihre rührende Einfachheit des Gefühls, ihre naive Fröhlichkeit, wie ihr tiefes Herzeleid treten uns mit ergreifender Anschaulichkeit vor Augen. Dabei ist sie nicht etwa die seraphische Mädchengestalt der beliebten Damenromane, sondern ein echtes Evakind mit allen liebenswürdigen und unliebenswürdigen Schwächen ihres Geschlechts. Aber sie ist nur umso reizender, wenn sie schmollt, ihrem unentschlossenen Geliebten den Kopf zurechtsetzt, oder gar bissige Antworten gibt. Die Darstellung der Eigenschaften der Blinden und ihr Verhalten nach der Operation bezeugt, dass sich der Autor aufs Gewissenhafteste über diese Dinge orientierte. Ehe ich irgendwelches Zitat hierher setze, muss ich einige Worte über die Form der Darstellung sagen. Der Roman ist wieder als Bericht eines Augenzeugen in der ersten Person geschrieben, und zwar ist diesmal diese Form besonders angenehm für den Leser, weil der Memoirenschreiber eine höchst originelle Persönlichkeit ist, eine von Wilkie Collins' glücklichsten Gestalten. Der Verfasser ist nämlich eine republikanische Witwe, einst die Gattin des großen Pratolungo, welcher sich damit beschäftigte, in Südamerika Tyrannen zu stürzen und dabei sein Leben sowie das Vermögen – seiner Frau der großen Sache opferte. Madame Pratolungo ist eine neue Auflage der beliebten Collinsschen Heldinnen, welche mit bewunderungswerter Energie die schlimmsten Hindernisse des feindlichen Zufalls zu beseitigen wissen. Diesmal aber französischen Ursprungs und mit ihrem warmen Herzen, ihrem gesunden Humor und ihrem prächtig anschaulichen Stil eine sehr liebenswürdige Dame.

Frau Finch muss ich dem Leser in einer Probe anschaulich machen, denn sie ist die beste komische Figur unseres Autors, eine von denen, welche man nicht wieder vergisst. Hier die Darstellung des ersten Eintritts von Madame Pratolungo in das Finch'sche Pfarrhaus.

> Ein unordentlich aussehendes Dienstmädchen öffnete mir die Tür.
>
> Vielleicht war die Pflicht, Fremde zu empfangen, etwas Neues für diese Person, oder vielleicht wurde sie durch eine Horde von Kindern in schmutzigen Kleidern, welche auf dem Vorplatze auf uns losstürzten, bei dem Anblick einer Fremden aber dann eben so rasch kreischend wieder

in unsichtbare hintere Räume verschwanden, außer Fassung gebracht, - jedenfalls schien auch sie durchaus nicht zu wissen, was sie mit mir anfangen sollte. Nachdem sie mein Gesicht eine Zeitlang angestarrt hatte, öffnete sie plötzlich eine am Vorplatz liegende Tür und führte mich in ein kleines Zimmer. Aus diesem mir so gebotenen Asyl stürzten bei meinem Eintritt wieder zwei Kinder in schmutzigen Kleidern kreischend heraus. Ich nannte meinen Namen, sobald ich zu Worte kommen konnte. Das Mädchen schien entsetzt über die Länge des Namens. Ich gab ihr meine Karte; sie nahm sie zwischen ihren schmutzigen Zeigefinger und ihren ebenso schmutzigen Daumen, betrachtete sie, als ob es eine außerordentlich Naturmerkwürdigkeit sei, drehte sie um, indem sie mit ihrem Zeigefinger und Daumen verschiedene schwarze Flecke darauf drückte, verzweifelte dann ersichtlich daran, über die Bedeutung der Karte ins Klare zu kommen und ging hinaus. Draußen wurde sie, wie ich aus den an mein Ohr dringenden Tönen schloss, durch einen neuen Sturm der Kinder auf dem Vorplatz zurückgehalten. Ich hörte Flüstern, Kichern und dann und wann einen lauten Stoß gegen die Tür. Vermutlich auf Antrieb der Kinder, jedenfalls von ihnen geschoben, trat das Mädchen plötzlich wieder in die Tür. „Wollen Sie gefälligst mit mir kommen", sagte sie. Die Kinderschar zog sich wieder treppenaufwärts zurück. Eines derselben, das meine Karte in der Hand hielt, schwang diese, auf dem ersten Treppenabsatz stehend, hin und her.

Das Mädchen führte mich über den Vorplatz und öffnete eine an der andern Seite desselben liegende Tür. Unangemeldet trat ich so in ein anderes größeres Zimmer. Was fand ich hier?

Endlich war das Glück mir günstig gewesen. Mein guter Stern hatte mich zu der Frau vom Hause geführt. Ich machte meinen besten Knicks und fand mich einer großen blonden, languissanten, sympathischen Dame gegenüber, die sich in dem Augenblicke meines Erscheinens offenbar die Zeit damit vertrieben hatte, im Zimmer auf- und abzugehen. Wenn es wirklich Wassernixen gibt, so war sie gewiss eine. Auf ihrem farblosen Gesicht lag ein feuchter Schimmer und ihre blassblauen Augen hatten etwas unaussprechlich Wässeriges. Ihr Haar war ungemacht und ihre Spitzenhaube saß ihr ganz schief auf dem Kopfe. Ihr Oberkörper war in eine lose Jacke von blauem Merino gekleidet, ihr Unterkörper von einem Dimiti-Schlafrock von zweifelhaftem Weiß umhüllt. In der einen Hand hielt sie ein schmutziges, reichlich mit Eselsohren versehenes Buch, dem ich es auf der Stelle ansah, dass es ein Leihbibliotheksroman war. Mit der andern Hand hielt sie ein auf ihrem Arm ruhendes, in Flanell gewickeltes Baby, das an ihrer Brust sog. So trat mir die Frau des ehrwürdigen Finch zuerst entgegen, und so und nicht anders sollte sie mir auch in der Folge immer wieder erscheinen. Niemals ganz angezogen, niemals ganz trocken, immer mit einem Baby in der einen und einem Roman in der andern Hand.

„O! Madame Pratolungo? Ja. Ich hoffe, dass jemand Fräulein Finch angezeigt hat, dass Sie hier sind. Sie hat ihr eigenes Logis und besorgt alle ihre Angelegenheiten selbst. Haben Sie ein gute Reise gehabt?" Sie sprach diese Worte wie abwesend, als ob ihr Geist mit etwas anderem beschäftigt sei. Mein erster Eindruck war, dass sie eine schwache, gutmütige Frau sei und dass sie früher eine untergeordnete Stellung im Leben eingenommen haben müsse.

„Ich danke Ihnen, Frau Finch", antwortete ich, „die Reise über Ihre schönen Hügel hat mir das größte Vergnügen gemacht."

„O, gefallen Ihnen die Hügel? Entschuldigen Sie meinen Anzug. Ich bin diesen Morgen eine halbe Stunde zu spät aufgestanden. Und wenn man in diesem Hause einmal eine halbe Stunde verloren hat, kann man sie nie wieder einbringen, mag man es versuchen, wie man will."

Ich sollte bald dahinter kommen, dass Frau Finch regelmäßig jeden Tag eine halbe Stunde verlor und dass es ihr niemals unter irgendwelchen Umständen gelang, diese verlorene halbe Stunde wieder einzuholen.

„Ich begreife, Frau Finch. Die Sorge für eine zahlreiche Familie -"

„Ja, das ist es gerade!" (eine Lieblingsphrase von Frau Finch) „Zuerst kommt Finch; er steht früh auf und arbeitet im Garten. Dann kommt das Waschen der Kinder und die schreckliche Wirtschaft in der Küche. Und Finch kommt herein, wenn es ihm beliebt, und verlangt sein Frühstück. Und natürlich kann ich das Baby nicht verlassen und eine halbe Stunde geht einem dabei so leicht verloren, dass ich nicht weiß, wie ich sie wieder einholen soll." In diesem Augenblick fing das Baby an durch gewisse Anzeichen zu erkennen zu geben, dass es mehr mütterliche Nahrung zu sich genommen habe, als sein kindlicher Magen gut vertragen konnte. Ich hielt den Roman, während Frau Finch ihr Taschentuch erst in ihrer Schlafrockstasche, dann hier und dort überall im Zimmer suchte.

In diesem kritischen Augenblicke wurde an die Tür geklopft. Es erschien eine ältliche Frau, welche einen sehr wohltuenden Kontrast zu den Mitgliedern des Hauses bildete, die ich bis jetzt kennengelernt hatte. Sie war sauber gekleidet und begrüßte mich mit der höflichen Ruhe eines zivilisierten Wesens.

„Verzeihen Sie, Madame, meine junge Herrin hat erst eben von Ihrer Ankunft gehört. Wollen Sie die Güte haben, mir zu folgen?"

Ich wandte mich wieder an Frau Finch. Sie hatte ihr Tuch gefunden und hatte die Folgen ihrer Befeuchtung beseitigt und ihr Baby wieder in Ordnung gebracht. Ich gab ihr mit ehrerbietiger Miene den Roman wieder.

„Ich danke Ihnen", sagte Frau Finch. „Ich finde, dass Romane mein Gemüt beruhigen. Lesen Sie auch Romane? Erinnern Sie mich daran, ich will Ihnen morgen diesen Roman leihen."

Ich dankte für diese Freundlichkeit und verließ das Zimmer.

Der ehrwürdige Mr. Finch ist ein würdiges Pendant für seine feuchte Frau. Der Gegensatz zwischen seinem jämmerlichen Äußeren und seiner dröhnenden Bassstimme, seine Salbung und Wichtigtuerei zusammen mit seinem wenig erbaulichen Trachten nach weltlichen Gütern, welches alle seine Handlungen bestimmt, bilden in ihrem Verein ein allerdings outriertes, aber darum nicht minder lebensvolles Portrait. Ich lasse hier die Beschreibung der erwartungsvollen Morgenstunde des Tages folgen, an welchem Lucilla zum ersten Mal ihre Sehkraft erproben soll. Der ehrwürdige Finch spielt dabei eine hervorragende Rolle:

Sie saß allein in der trüben Dunkelheit, mit verbundenen Augen, ihre niedlichen Hände geduldig im Schoße gefaltet. Das Herz schwoll mir bei ihrem Anblick; die schreckliche Entdeckung, die ich kurz zuvor gemacht hatte, drängte sich mir wieder mit ganzer Gewalt auf. „Verzeihen Sie mir, dass ich Sie verlassen habe", sagte ich mit so fester Stimme, wie es mir irgend möglich war, und küsste sie.

Auf der Stelle entdeckte sie meine Aufregung, so sorgfältig ich dieselbe auch zu verbergen bemüht war.

„Sie ängstigen sich auch!" rief sie, indem sie meine Hände ergriff.

„Ängstigen, liebes Kind?" wiederholte ich ganz verdutzt, ohne recht zu wissen, was ich sagen sollte.

„Ja, jetzt, wo die Zeit so nahe rückt, sinkt mir der Mut. Böse Ahnungen aller Art bedrängen mich. O, wann wird es vorüber sein? Wie wird mir Oscar erscheinen, wenn ich ihn sehe?"

Ich beantwortete die erste Frage. Wer konnte die zweite beantworten?

„Herr Grosse kommt mit dem Morgenzug", antwortete ich. „Es wird bald vorüber sein."

„Wo ist Oscar?"

„Ohne Zweifel auf dem Wege hierher."

„Beschreiben Sie ihn mir noch einmal", sagte sie eifrig, „zum letzten Mal, bevor ich selbst sehe – seine Augen, seine Haare, seine Hautfarbe, alles."

Wie ich die peinliche Aufgabe, die sie mir in ihrer Unschuld gestellt hatte, gelöst haben würde, wenn ich es hätte unternehmen müssen, daran mag ich kaum denken. Eine wahre Erlösung war es daher für mich, als sich, da ich eben das erste Wort gesprochen hatte, die Tür öffnete und eine Familiendeputation eintrat.

Voran schritt langsam und feierlich, die eine Hand pathetisch auf seine geistliche Weste gelegt, der ehrwürdige Finch; ihm zunächst folgte seine Frau, ohne alles ihr eigentümliche Zubehör, mit Ausnahme des Baby, ohne ihren Roman, ihre Jacke, ihren Unterrock, ihren Schal, ja selbst ohne ihr Schnupftuch, das sie immer zu verlieren pflegte. Zum ersten Mal, solange ich sie kannte, war sie angetan in ein vollständiges Kleid; die feuchte Frau Finch war wie umgewandelt. Hätte sie nicht das Baby getragen, ich glaube, ich hätte sie in dem trüben Dämmerlichte für eine Fremde gehalten. Sie blieb, offenbar unsicher, welchen Empfang sie zu erwarten habe, zaudernd an der Schwelle stehen und verdeckte so ein drittes Mitglied der Deputation, welches die allgemeine Aufmerksamkeit durch eine klägliche kleine Stimme, die mir wohl bekannt war, und durch eine Ausdrucksweise, die ich auch schon früher kennengelernt hatte, auf sich zu lenken suchte.

„Jicks will hereinkommen."

Der Pfarrer erhob seine Hand zu einem schwachen Protest gegen das Eindringen des dritten Mitglieds. Frau Finch rückte mechanisch ins Zimmer vor.

Jicks hielt ihre sehr disreputierlich aussehende Puppe fest in die Arme geschlossen und trug die Spuren einer kürzlichen Wanderung durch weißen Sand, der von ihrem Kittel und ihren Schuhen auf den Teppich herabfiel, an sich und ging auf die Stelle zu, wo ich saß. Als sie dicht an mich herangetreten war, blickte sie mit einem verschmitzten Ausdruck durch das im Zimmer herrschende Dunkel zu mir auf, ergriff ihre Puppe bei den Beinen, versetzte mir mit dem Kopf derselben einen derben Schlag aufs Knie und sagte:

„Jicks will da sitzen."

Ich rieb mir das Knie und hob Jicks, wie mir geheißen war, auf den Thron. Gleichzeitig stolzierte Herr Finch feierlich auf seine Tochter zu, legte ihr die Hände aufs Haupt, erhob die Augen zur Zimmerdecke und sagte mit tiefen Basstönen, welche von väterlicher Aufregung erdröhnten:

„Der Herr segne Dich, mein Kind!"

Bei dem Klang der prächtigen Stimme ihres Gatten wurde Frau Finch wieder ganz sie selbst. In bescheiden demütigem Tone sagte sie:

„Wie geht es dir, Lucilla?" setzte sich in eine Ecke und gab ihrem Baby die Brust.

Herr Finch setzte zu einer seiner Reden an.

„Man hat meinen Rat in den Wind geschlagen, Lucilla, meinen väterlichen Einfluss nicht zur Geltung kommen lassen. Mein moralisches Gewicht ist sozusagen beiseitegesetzt worden. Ich beklage mich nicht. Verstehe mich wohl, ich konstatiere nur traurige Tatsachen." (Bei diesen Worten wurde er mich gewahr.) „Guten Morgen, Madame Pratolungo, ich hoffe, Sie befinden sich wohl. Es hat eine Meinungsverschiedenheit zwischen uns bestanden, Lucilla. Ich komme, mein Kind, und bringe Heilung auf meinen Flügeln (Heilung sollte hier so viel heißen wie Versöhnung), ich komme und bringe meine Frau mit – rede nicht, Frau! - um meine innigsten Wünsche, meine heißen Gebete an diesem wichtigen Tage im Leben meiner Tochter darzubringen. Nicht gemeine Neugierde hat meine Schritte hierher gelenkt. Keine Andeutung einer bösen Ahnung, welche ich vielleicht noch dieser rein weltlichen Einmischung in die Wege einer unerforschlichen Vorsehung gegenüber hege, soll über meine Lippen kommen. Ich bin hier als Vater und Friedensstifter. Meine Frau begleitet mich, - rede nicht, Frau! - als Stiefmutter und Friedensstifterin. Sie verstehen meine Distinktion, Madame Pratolungo. Danke, gute Frau. Sollte ich wohl von der Kanzel herab Verzeihung empfangenen Unrechts predigen und diese Verzeihung nicht in meinem Hause üben? Kann ich bei dieser wichtigen Gelegenheit mit meinem Kinde uneinig sein? Lucilla! Ich verzeihe dir, aus vollem Herzen und mit tränenvollen Blicken verzeihe ich dir. Sie haben, glaube ich, nie Kinder gehabt, Madame Pratolungo? Dann können Sie diesen Moment unmöglich begreifen, gute Frau, das ist aber nicht Ihre Schuld. Lass dir den Friedenskuss geben, mein Kind, den Friedenskuss." Feierlich beugte er sein borstiges Haupt über Lucilla hin und drückte ihr den Friedenskuss auf die Stirn. Er seufzte majestätisch und reichte dann in überströmender Großherzigkeit mir die Hand. „Hier haben Sie meine Hand, Madame Pratolungo. Beruhigen Sie sich, weinen Sie nicht, Gott segne Sie." Frau Finch war von dem edlen Benehmen ihres Gatten so tief erregt, dass sie von einem Weinkrampf befallen wurde. Das Baby, das sich durch die Aufregung seiner Mutter in seinen Funktionen gestört fand, hub ein sympathetisches Geschrei an, Herr Finch ging mitten durch das Zimmer auf sie zu, um ihnen auf seinen Flügeln häusliche Heilung zu bringen. „Das macht dir Ehre, Frau; aber unter den obwaltenden Umständen musst du der Sache ein Ende machen. Denk an das Kind und nimm dich zusammen. Geheimnisvoller Mechanismus der Natur!" rief der Pfarrer, indem er mit seiner Stentorstimme das immer lauter werdende Geschrei des Baby übertönte. „Wunderbare und schöne Sympathie, welche die mütterliche Nahrung gewissermaßen zum leitenden Medium der Störung zwischen Mutter und Kind macht! Welche Probleme stehen uns gegenüber, welche Kräfte umgeben uns selbst in diesem irdischen Leben! Natur! Maternität! Unerforschliche Vorsehung!"

„Unerforschliche Vorsehung" war für den Pfarrer eine verhängnisvolle Phrase, sie zog für ihn immer eine Unterbrechung nach sich; so war es auch dieses Mal. Noch ehe Herr Finch seiner Überfülle pathetischer Apostrophen durch weitere Exklamationen Luft machen konnte, öffnete sich die Tür und Oscar trat ein.

Lucilla erkannte sofort seine Tritte. „Ist noch nichts von Herrn Grosse zu sehen, Oscar?" fragte sie.

„Ja, man hat seinen Wagen schon auf der Landstraße gesehen; er wird gleich hier sein."

Eine weitere höchst originelle Figur ist der groteske und doch so liebenswürdige deutsche Augenarzt, dessen unmanierliches Betragen, reizende Grobheit und unwiderstehliche Herzlichkeit prächtig geschildert sind – wozu im Original noch sein drolliges Englisch kommt.

Die psychologisch interessantesten Figuren sind die Zwillingsbrüder Oscar und Nugent. Oscars durch und durch weibliche Natur, sein ewiges Schwanken in allen Dingen, welche ihn selbst angehen und die Unerschütterlichkeit seines liebenden Glaubens an Nugent sind mit feinstem Verständnis für solche Gemüter dargestellt. Ebenso ist Nugents Abfall von seinem besseren Selbst, seine traurige Verblendung durch die Leidenschaft und die schließliche gänzliche Verwirrung seines moralischen Bewusstseins mit großer Feinheit motiviert und echt künstlerisch ausgeführt.

Das einzig störende in diesem sonst so harmonischen Werke ist das Tagebuch Lucillas, dessen Stil für die Schreiberin nicht charakteristisch genug ist und welches deshalb zu deutlich seinen Zweck als Lückenbüßer erkennen lässt.

Ich bin der Meinung, dass neben „The Woman In White" „Poor Miss Finch" dasjenige Werk ist, welches am meisten dazu geeignet erscheint, den Namen Wilkie Collins der Nachwelt zu überliefern.

Die recht gute Übersetzung von Emil Lehmann ist bei E.J. Günther in Leipzig erschienen.

Die Erzählung „Fräulein oder Frau" (Miss or Mrs?) nimmt einen sehr hübschen Anlauf. Die Personen der Handlung befinden sich an Bord einer Vergnügungsyacht, und die leichte Skizzierung ihrer Charaktere, sowie ihrer gegenseitigen Beziehungen ist in den knappen Dialogszenen der ersten Kapitel sehr glücklich und anschaulich ausgeführt. Leider stellt es sich aber bald heraus, dass wir es mit einer ziemlich gewöhnlichen Mordgeschichte zu tun haben, welche aus den bekannten Ingredienzien: Benutzung eines eigentümlichen Gesetzesparagraphen, einer heimlichen Ehe, schweren Folgen kleiner zufälliger Ereignisse und raffinierten Mordplänen des Bösewichts zusammengebraut ist.

Wie so häufig finden wir auch in dieser Erzählung wieder eine dramatisch angelegte und darum packende Schilderung einer Mordnacht. Allein diesmal erreicht die Rache den Verbrecher sofort, indem er durch das Losgehen seiner eigenen Waffe getötet wird und dadurch den Liebenden den Weg zu ihrem Glücke freilegt. Als ganz gut durchgeführte humoristische Figuren hebe ich die des Sir Joseph und dessen altjüngferliche Schwester hervor. Im Übrigen kann man von diesem Buche nur sagen, dass es eines ist von welchen zwölf aufs Dutzend gehen – wohl verstanden, auf ein Dutzend von Wilkie Collins, denn seine Meisterschaft in der Kunst des Erzählens und in der Erfindung einer spannenden Intrige verleugnet er auch in seinen unbedeutendsten Arbeiten nicht.

IX.

„The New Magdalen" (Die neue Magdalena) behandelt das bei den modernen französischen Dramatikern so beliebte Sujet des Ringens einer Gefallenen nach Wiederaufnahme in die Gesellschaft. Er gehört zu einer Gattung, welche Collins sonst nicht kultiviert, und welche ich den Gouvernantenroman nennen möchte. Ich meine damit jene von unzähligen englischen Damen breit getretene Geschichte des alleinstehenden Weibes und ihres Kämpfens gegen die Lieblosigkeit und Versuchungen aller Art. Collins wollte einmal das Interesse mehr der Charakterentwicklung als der Intrige zuwenden. Der Versuch ist ihm zwar geglückt, denn seine Hauptcharaktere sind vortrefflich durchgeführt, aber den warmen, künstlerischen Eindruck schädigt er durch die Anwendung jener allzu knappen, schlechtweg referierenden Darstellungsweise, welche in seinen letzten Werken zur Manier geworden ist.

„Die neue Magdalena" ist ein Mädchen, das nach einem abenteuerlichen Lebenslauf ohne ihr Verschulden der Prostitution anheimgefallen, aber in einem Refuge (Magdalenenstift) gebessert worden ist. Es gelang ihr vermöge ihrer Bildung anständige Stellungen zu erhalten, doch muss sie eine nach der anderen aufgeben, sowie ihre Vergangenheit an den Tag kommt. Sie begibt sich schließlich unter dem Zeichen des roten Kreuzes als Krankenpflegerin in die französischen Feldlazarette (1870-71). In einem solchen trifft sie mit einer Waise zusammen, welche zu einer entfernten Verwandten in England reist, um deren Gesellschafterin zu werden. Die junge Dame wird an ihrer Seite durch einen Granatsplitter schwer verwundet und für tot liegengelassen. Miss Merrick, so heißt die neue Magdalena, kann der Versuchung nicht widerstehen, sich die Papiere der Fremden anzueignen, deren Erzählungen sie vorher vergewissert hatten, dass dieselbe keinen Bekannten in England habe, welcher sie etwa rekognoszieren könnte. Das Quiproquo gelingt vollkommen. Miss Merrick als Grace Roseberry erobert im Sturm das ganze Herz ihrer Beschützerin, welche sie nicht als Gesellschafterin, sondern bald als Tochter behandelt. Überdies verlobt sie sich mit einem reichen, sehr vorurteilsvollen „Mann von Familie" und flößt einem ganz vorurteilslosen, vortrefflichen Geistlichen eine unbezwingliche Leidenschaft ein. Da taucht plötzlich die wirkliche Grace Roseberry wieder auf und klagt die Falsche vor Lady Janet, dem Bräutigam und dem Prediger des Betrugs an, aber Niemand will ihr glauben, man behandelt sie wie eine Wahnsinnige. Dem Einfluss des Pastors gelingt es, Miss Merrick zu einem Geständnis ihm gegenüber zu bewegen. Trotzdem will Lady Janet sie nicht aufgeben, sondern sie kauft vielmehr der echten Grace

Roseberry ihre Ansprüche mit Geld ab. Dennoch verlässt Miss Merrick das Haus und kehr in ihr Asyl, das Magdalenenstift zurück. Ihr Verlobter gibt sie natürlich sofort auf, ihr geistlicher Freund dagegen bietet ihr seine Hand an, welche sie nach langem Schwanken annimmt. Aber sie muss wieder die Erfahrung machen, dass die Gesellschaft unversöhnlich ist. In einer gänzlich neuen Umgebung in Amerika findet sie endlich in einer glücklichen Ehe den Frieden ihrer Seele wieder. Mit großer psychologischer Feinheit ist in diesem Werk besonders die Handlungsweise Lady Janets nach der Entdeckung des Betruges geschildert. Überhaupt ist diese Figur so recht aus einem Stück gemeißelt, liebenswürdig und lebensvoll. Den Beweis, dass er einen Charakterroman ersten Ranges zu schreiben imstande sei, hat Collins aber doch erst später erbracht. Der neuen Magdalene haften noch manche Allüren des Sensationsromans an. Trotzdem ist es ein lesenswertes, fesselndes Buch.

In dem Roman „The Law and the Lady", welcher in der übrigens guten Übersetzung von A. v. Winterfeld den geschmacklosen Titel „Gesetz und Frau" führt, ist die Heldin wiederum jene Lieblingsfigur Wilkie Collins', die resolute, vor keinem Hindernis zurückschreckende Frau, welche sich die Aufgabe gestellt hat, ein Geheimnis aufzudecken, dessen Schlüssel längst verloren schien. Das Buch ist ein Ich-Roman und gewinnt dadurch ein über den bloßen Spannungsreiz hinausgehendes Interesse, indem die Gefühle der Schreiberin, wie sie durch den Gang der Handlung beeinflusst werden, sich aufs Deutlichste in ihrer Schreibweise spiegeln.

Mrs. Valeria Woodville entdeckt einige Tage nach ihrer Hochzeit, dass ihr Mann sie unter einem falschen Namen geheiratet hat. Er bittet sie um ihrer selbst willen davon abzusehen, seine Gründe für die Namensveränderung erforschen zu wollen. Sie aber will lieber das Schlimmste wissen, als ihr Glück durch den finsteren Schatten eines Geheimnisses verdunkelt sehen. Sie bringt denn auch durch ihre kluge Behandlung eines übergalanten Freundes ihres Mannes heraus, dass derselbe eigentlich Macallan heißt und unter der Anklage des Giftmordes an seiner ersten Frau vor Gericht gestanden hat. Das Verdikt der Geschworenen hatte ihn nicht freigesprochen, sondern nur verkündigt, dass seine Schuld nicht bewiesen sei. Mrs. Macallan zweifelt keinen Augenblick an der Unschuld ihres Gemahls und macht es zu ihrer heiligsten Pflicht, rechtskräftige Beweise derselben beizubringen. Mr. Macallan verlässt sie, weil er sich außerstande fühlt, das Weib, welches die Mitwisserin seiner Schande geworden ist, zu beglücken. Ihre Liebe zu ihm ist aber durch nichts zu erschüttern und trotzdem alle ihre Freunde ihr abreden, macht sie sich mit wahrem Feuereifer an ihre verzweifelte Aufgabe. Mit

großem Scharfblick erkennt sie die schwachen Punkte der Belastungs-
zeugnisse und weiß die richtigen Personen ausfindig zu machen, welche ihr vielleicht als Führer durch die Irrgänge der Vermutung dienen
können. Aus diesen Personen ist die merkwürdigste ein Mann namens
Miserrimus Dexter, ein halb wahnsinniges Geschöpf ohne Beine, welcher von einem Extrem ins andere fällt, bald wie im Fieber phantasiert,
bald sehr vernünftig und gebildet redet; ein Mann, welcher sehr gut
singt, Gedichte improvisiert, kocht, häkelt und auf seinen Händen Tur-
nerkunststücke macht. Dies phantastische Wesen hat einen ebenso
phantastischen dienstbaren Geist, seinen Ariel, in Gestalt eines halb
blödsinnigen Mannweibs, welches seinem Herrn mit rührender Hunde-
treue ergeben ist. Ich führe hier die Beschreibung des ersten Besuches
der Mrs. Macallan bei Mr. Dexter an, um damit ein Beispiel zu geben
von der Verve mit der Wilkie Collins die phantastischsten Ungeheuer-
lichkeiten vorträgt:

Ich erblickte ein langes dunkles Zimmer mit niedriger Decke. Der ersterbende Glanz eines schlecht erhaltenen Feuers bildete die einzige Erleuch-
tung, die mich Gegenstände und Entfernungen beurteilen ließ. Die Mitte
des Zimmers, unserer Stellung gegenüber, schwamm in unbestimmt röt-
lichem Licht, während die Umgebungen in totale Finsternis gehüllt waren. Kaum hatte ich diese Bemerkung gemacht, als ich das seltsame Rollen näher kommen hörte. Ein hoher Rollstuhl fuhr durch den rötlichen
Schein, und ein Mann saß darin mit lang wallendem Haar, wild mit den
Armen gestikulierend und die Maschine zur äußersten Schnelligkeit an-
treibend.

„Ich bin Napoleon beim Sonnenaufgang von Austerlitz!" rief der Mann
in dem Stuhl, als er durch den Feuerschein rollte. „Ich spreche ein Wort,
und Throne sinken, und Könige fallen, und Nationen zittern und Tausende fechten und sinken blutend dahin!"

Der Stuhl rollte vorbei, und der Mann in demselben wurde ein anderer
Held.

„Ich bin Nelson", rief die gellende Stimme weiter. „Ich führe die Flotte
nach Trafalgar. Ich weiß bestimmt, dass ich siegen und sterben werde.
Ich sehe meine eigenen Apotheose, mein öffentliches Begräbnis, die Tränen meiner Nation. Die Zeit wird meinen Namen forttragen auf ihren
Schwingen, und Dichter werden mir lobsingen in unsterblichen Versen!"

Der Stuhl verschwand und kam wieder; der moderne Centaur, halb
Mensch, halb Maschine, flog wieder durch das ersterbende Licht.

„Ich bin Shakespeare!" rief das phantastische Geschöpf. „Ich schreibe
den König Lear, die Tragödie der Tragödien. Ich bin der Dichter aller
Dichter! Die Zeilen fließen wie Lava aus dem Krater meiner vulkani-
schen Seele!"

Als er sich dem Kamin näherte, flammte ein unversehrtes Stück Kohle plötzlich auf, und zeigte ihm unsere Gestalten in der offenen Tür. Mit gewaltigem Ruck hielt er seinen Rollstuhl an, gab ihm eine andere Richtung und flog wie ein wildes Tier auf uns zu. Wir traten beiseite, und der Stuhl rannte in die herunterhängende Tapete. Das seltsame Wesen gebot seinen Rädern Stillstand und blickte uns an, dass das Blut in meinen A-dern erstarrte.

„Habe ich sie zu Staub zermalmt?" sagte er zu sich selbst. Dann uns a-bermals erblickend fuhr er fort: „Goneril und Regan! Meine beiden unna-türlichen Töchter, welche gekommen sind, mich in die düstere Nacht hinaus zu treiben!"

„Durchaus nicht", sagte meine Schwiegermutter so ruhig, als wenn sie ein vernünftiges Wesen anredete, „ich bin Ihre alte Freundin, Mrs. Ma-callan, und ich habe Eustace Macallans zweite Frau mitgebracht, die Ihre Bekanntschaft zu machen wünscht."

Bei den Worten „Eustace Macallans zweite Frau" stieß der Mann in dem Rollstuhl einen entsetzlichen Schrei aus und sprang in die Luft, als wenn er von einem Schuss getroffen worden sei. Einen Augenblick sah man ein menschliches Wesen in der Luft schweben, das gänzlich beider Beine beraubt war. In der nächsten Sekunde sank das entsetzliche Geschöpf, mit der Geschicklichkeit eines Affen, auf seine beiden Hände herab und hüpfte so, mit bewunderungswürdiger Schnelle durch das Zimmer bis an den Kamin. Dann kroch er über die verglimmenden Kohlen, schüttel-te sich, als wenn ihn fröre und rief wohl ein Dutzend Mal hintereinander: „O! O! Habt Mitleid mit mir! Habt Mitleid mit mir!"

Das war der Mann, dessen Rat ich hatte erbitten, dessen Beistand ich hat-te in Anspruch nehmen wollen in der Stunde der Not.

„Ich hatte unrecht und Sie hatten recht", flüsterte ich erschreckt meiner Schwiegermutter zu. „Lassen Sie uns gehen."

„Nein" rief Mr. Dexter, der es gehört hatte, „Eustace Macallans zweite Frau soll hier bleiben. Ich bin ein Gentleman, ich muss sie um Entschul-digung bitten. Ich bin ein Kenner weiblicher Charaktere, ich wünsche sie zu sehen."

Der Mann schien wie mit einem Zauberschlage verändert. Er sprach so weich, wie ein Weib, das eben Tränen vergossen. War es neubelebter Mut oder war es neubelebte Neugierde? Als Mrs. Macallan mich fragte: „Wollen Sie *noch* gehen? Der Anfall ist jetzt vorüber – antwortete ich: „Nein, lassen Sie uns wieder eintreten."

„Es tut mir leid, Sie erschreckt zu haben," sagte die sanfte Stimme am Kamin. „Es gibt Menschen, die mich für periodisch wahnsinnig halten. Wenn jene Leute recht haben, kamen Sie gerade zu einer solchen Zeit. Meine Einbildungskraft läuft manchmal mit mir fort und ich sage selt-same Dinge. Wenn man bei diesen Gelegenheiten jenes entsetzlichen Prozesses erwähnt, werde ich in die Vergangenheit zurückgeworfen und bekomme Nervenschmerzen. Ich bin ein sehr gefühlvoller Mensch. Nehmen Sie also meine Entschuldigung an, treten Sie näher und haben Sie Mitleid mit mir."

Er würde jetzt kein Kind mehr erschreckt haben. Das Zimmer wurde dunkler und dunkler. Wir konnten nichts unterscheiden, als die hockende Figur am Kamin.

„Wollen Sie kein Licht anzünden lassen?" fragte Mrs. Macallan. „Und soll diese Dame, wenn das Zimmer erleuchtet ist, Sie außerhalb Ihres Stuhles sehen?"

Er nahm etwas Glänzendes, das um seinen Hals hing und blies eine Reihenfolge schriller, vogelartiger Töne hinein. Eine kurze Pause, und der Ruf bekam ein entferntes, abgeschwächtes Echo.

„Ariel kommt schon", sagte er. „Gedulden Sie sich nur noch ein wenig, Mama Macallan, Ariel wird mich sofort kurfähig machen."

Er hüpfte auf seinen Händen in die tiefe Dunkelheit an das Ende des Zimmers.

„Noch ein wenig Geduld", sagte Mrs. Macallan; „dann kommt eine andere Überraschung, die zarte Ariel."

Wir hörten schwere Fußtritte in dem Vorzimmer.

„Ariel!" seufzte Miserrimus Dexter aus der Dunkelheit heraus, in seinen sanftesten Worten.

„Hier!" rief die heisere Stimme der Cousine mit dem Männerhut.

„Meinen Stuhl, Ariel!"

Die gerufene Person zog die herunterhängende Tapete etwas beiseite, indem sie einen Lichtstrom einließ und den Rollstuhl vor sich herschob. Dann hielt sie still und hob Miserrimus Dexter wie ein Kind vom Boden auf. Ehe sie ihn noch auf den Stuhl setzen konnte, sprang er mit einem fröhlichen Schrei von ihrem Arm auf seinen Sitz, wie ein Vogel, der von einem Zweig zum anderen flattert.

„Die Lampe", sagte Miserrimus Dexter. „Und den Spiegel. Verzeihen Sie mir, meine Damen, dass ich Ihnen den Rücken kehre. Sie dürfen mich nicht eher sehen, bis mein Haar in Ordnung ist. Ariel! Den Kamm, die Bürste und die Pomaden."

Die Lampe in der einen, Spiegel, Bürste und Pomade in der anderen Hand und den Kamm zwischen den Zähnen, erschien Mr. Dexters Cousine zum ersten Mal im vollen Licht. Ich sah nun des Frauenzimmers fleischiges, ausdrucksloses Gesicht, die stieren glanzlosen Augen, die plumpe Nase, das schwere Kinn. Ein nur halb lebendes Wesen; ein unvollkommen entwickeltes Tier, gekleidet in eine Matrosenjacke, einen roten Flanellunterrock und ein paar Stulpenstiefeln. In dem wirren, sandblonden Haar trug sie einen zerbrochenen Kamm. Diese wundervolle Erscheinung gab ihrem Herrn den kleinen Spiegel in die Hand und machte sich dann an das Werk des Frisierens.

Sie kämmte, sie bürstete, sie ölte und parfümierte die wallenden Locken und den langen seidigen Bart Mr. Dexters mit einem seltsamen Gemisch von Schlechtlaunigkeit und Geschick. Nachdem das Werk künstlerisch und zur vollen Zufriedenheit Dexters vollendet, blieb er dennoch eine Weile mit dem Antlitz uns abgewendet.

„Mama Macallan", sagte er, „welches ist der Vorname Ihrer zweiten Schwiegertochter?"

„Weshalb wollen Sie ihn wissen?" fragte Mrs. Macallan.

„Weil ich sie nicht Mrs. Eustace Macallan anreden kann."

„Und weshalb nicht?"

„Weil es mich an die andere Mrs. Eustace Macallan erinnert. Weil ich dann wieder an jene entsetzlichen Tage in Gleninch denken muss."

„Ich heiße Valeria", antwortete ich für mich selber.

„Ein römischer Name", bemerkte Dexter. „Ich finde ihn hübsch. Ich würde den Körper eines Römers gehabt haben, wenn ich mit Beinen auf die Welt gekommen wäre. Wenn Sie erlauben, werde ich Sie also Mrs. Valeria nennen. Mrs. Valeria, darf ich Sie zunächst fragen, ob Sie das Gesicht dieses Geschöpfes sehen können?"

Er deutete bei diesen Worten mit dem Spiegel auf seine Cousine, ungefähr wie er auf einen Hund gedeutet haben würde, und die Cousine ihrerseits nahm nicht mehr Notiz davon, als ein Hund der beleidigenden Äußerung geschenkt hätte.

„Ist das nicht das Gesicht einer Blödsinnigen?" fuhr Dexter fort. „Sehen Sie sie an! Ein Kohlkopf in meinem Garten hat in diesem Augenblick mehr Leben und Ausdruck als dieses Frauenzimmer. Würden Sie glauben, dass in diesem nur halb entwickelten Wesen Intelligenz, Zuneigung, Stolz und Treue wohne?"

Ich wusste nicht, was ich ihm darauf antworten sollte.

„Ich habe diese Zuneigung, diesen Stolz, diese Treue in meiner Hand", sprach Dexter weiter. „Ich besitze den Schlüssel zu dieser schlafenden Intelligenz. Jetzt sehen Sie sie an, während ich spreche. Sie kennt ihren Namen, den ich ihr gegeben, wie ein Hund den seinigen. Nun sehen Sie und hören Sie. Ariel?"

Des Frauenzimmers ausdrucksloses Gesicht begann sich zu erleuchten.

„Ariel! Hast du gelernt mich zu frisieren?"

„Ja! Ja! Ja!" antwortete sie, mit noch strahlenderen Zügen. „Und Sie sagen, dass ich es gut mache."

„Das sage ich. Würdest du es gerne einen anderen tun lassen?"

Ihre Augen wurden schmelzend und sanft. Ihre seltsame unweibliche Stimme sank zu leisen Tönen herab.

„Niemand anderes darf es tun", sagte sie mit Stolz und Zärtlichkeit. „Solange ich lebe, soll Sie kein anderer berühren als ich."

„Auch nicht die Dame dort?" fragte Mr. Dexter, auf mich deutend.

Ihre Augen flammten plötzlich auf, und ihre Hand schüttelte in drohender Eifersucht den Kamm gegen mich.

„Dass sie es nicht versuche!" schrie das arme Geschöpf.

Dexter brach in Lachen aus.

„Nun entlasse ich wieder deine Intelligenz", sagte er. „Kehre zu deinem eigenen Selbst zurück."

Der Glanz ihrer Augen erlosch allmählich, der Ausdruck ihrer Züge verhärtete sich und erstarb. Eine Minute später und das Gesicht war wieder starr und stumpfsinnig wie zuvor.

„Ich dachte, mein kleines Experiment würde Sie interessieren", sagte Mr. Dexter. „Die schlafende Intelligenz in meiner seltsamen Cousine gleicht dem schlafenden Ton in einem musikalischen Instrument. Ich spiele darauf und es antwortet meiner Berührung. Ihr größtes Vergnügen ist, mich Geschichten erzählen zu lassen. Sie müssen das einmal mit anhören."

Dexter warf noch einen prüfenden Blick in den Spiegel.

„Verschwinde!" rief er dann seiner Cousine zu, und diese tappste mit ihren schweren Stiefeln aus dem Zimmer, ohne die geringste Notiz von uns zu nehmen.

Während ich der Abgehenden nachblickte, hatte Mr. Dexter seinen Stuhl umgewandt, und das Licht der Lampe fiel jetzt voll auf seine Gestalt. Ich sah deutlich das schöne, intelligente Antlitz und die großen, blauen Augen, das wallende, kastanienbraune Haar, die schmalen, weißen Hände und den schön gebauten Oberkörper. Die Verkrüppelung der fehlenden Gliedmaßen war durch eine bunte, orientalische Decke verhüllt, welche über seinem Rollstuhl lag. Er trug eine Jacke von schwarzem Sammet mit großen Malachitknöpfen, und die Wäsche nach der Mode des verflossenen Jahrhunderts. Ich konnte auch nicht das geringste Seltsame mehr an ihm wahrnehmen. Das Einzige, was mir nicht ganz gefallen wollte, war beim Lachen und Lächeln ein fremdartiges Faltenziehen in den äußeren Augenwinkeln, welches zu dem jugendlichen Antlitz unschön kontrastierte. Der Mund, soweit der Bart ihn zu sehen erlaubte, war klein und schön geformt: die Nase, nach griechischem Modell im Vergleich zu der breiten Stirn und den vollen Wangen vielleicht etwas zu dünn. Im Ganzen aber war er ein schöner Mann. Ein Maler würde ihn als Modell zum heiligen Johannes gebraucht haben, und ein junges Mädchen, unbekannt mit seiner Verkrüppelung, hätte beim ersten Anblick ausgerufen: „Das ist das Ideal meiner Träume!"

Trotzdem Dexter Valeria absichtlich auf eine falsche Fährte führte, trotzdem die größten Hindernisse sich ihr überall in den Weg stellen, trotzdem sie lange Zeit an das Krankenlager ihres Gatten in Spanien gefesselt ist und dadurch ihre Nachforschungen unterbrechen muss, beharrt sie doch auf ihrem Vorsatz und bringt wirklich die Wahrheit an den Tag, mithilfe eines befreundeten Advokaten und durch gewisse Andeutungen, welche Dexter in einem Anfall von Geistesverwirrung entschlüpfen. Die Sache verhielt sich danach so: Macallans erste Frau war hässlich und er hatte sie nur geheiratet um ihren guten Ruf zu retten, welchen sie selbst unvorsichtigerweise kompromittiert hatte. Doch gelingt es der Unglücklichen, welche ihren Mann wahnsinnig liebt, niemals seine Gegenliebe zu erringen, und das bringt sie zur Verzweiflung. Dexter, welcher des Mannes Gast ist, will ihr trauriges Verhältnis dazu missbrauchen, sich selbst ihre Gunst zuzuwenden und gibt ihr, um sie von der Aussichtslosigkeit ihres Ringens um des Gatten Neigung zu überzeugen, dessen Tagebuch zu lesen, in dem sie Dexters Aussagen bestätigt findet. Sie gibt jetzt alle Hoffnung auf und beschließt, sich mit Arsenik, welches sie als Mittel gegen schlechten Teint besitzt, zu vergiften. Ehe sie dieses ausführt, schreibt sie ihrem Gemahl einen langen Abschiedsbrief, welcher ihr verzweifeltes Sehnen nach seiner Liebe, Dexters Nichtswürdigkeit und ihren Selbstmord in ergreifenden Worten schildert. Diesen Brief hat aber Dexter beiseite zu bringen gewusst, ehe Macallan ihn gelesen hatte. Ein Zufall machte es ihm unmöglich, ihn zu verbrennen. Die Stücke davon werden aus einem Müllhaufen (nach fünf Jahren!) wieder herausgesucht und zusammengesetzt. Macallan jedoch verzichtet darauf, den Brief zu lesen, nachdem seine Frau ihm erklärt, dass der Inhalt zwar seine Unschuld beweise, ihm aber sehr schmerzlich sein müsse. So bleibt er denn als Vermächtnis für ihre Nachkommenschaft versiegelt liegen.

Der Roman gehört zu den besseren Werken unseres Autors, die Kraft der Erfindung ist wieder ein ganz erstaunliche. Unüberwindlich scheinende Hindernisse werden auf die überraschendste Weise weggeräumt. An ganz unscheinbare Äußerlichkeiten knüpften sich später die wichtigsten Folgen. Wie in allen Collinsschen Kriminalromanen müssen wir auch hier wieder über die ganz einzige Geschicklichkeit staunen, mit welcher jedes, auch das fernste Ereignis, von Anfang an vorbereitet wird.

Ob alle diese erstaunlichen Dinge in der Wirklichkeit möglich sind, das lässt sich wohl nur unter Berufung auf Präzedenzfälle von Polizeipraktikern entscheiden, jedenfalls gelingt es dem Erzähler durch seine Kunst, das Unglaublichste glaublich zu machen. Was uns an diesem Roman noch besonders angenehm berührt, ist, dass wir von Geistererscheinungen, Prophezeiungen und dergleichen verschont bleiben, und es dafür (mit Ausnahme des oben geschilderten hyperphantastischen Dexter und seines Ariel) nur mit trefflich gezeichneten, greifbaren Gestalten zu tun haben, welche uns teilweise auch psychologisch interessieren. Von der Heldin empfangen wir durch ihren unaffektierten, von jedem sentimentalen Beiwerk freien Bericht, einen Eindruck, welcher uns die größte Bewunderung für ihre Energie und unerschütterliche Liebeskraft abnötigt. Auch ihr Mann interessiert uns, obwohl sein übertriebenes Ehrgefühl ihm zur tadelnswerten Schwäche wird und unter den Nebenfiguren finden sich zwei, welche durch den Humor des Autors ein wirkungsvolles Relief bekommen, nämlich der alte Don Juan Fitz David und die auf seine Kosten zur Sängerin sich ausbildende Büfetmamsell, welche ihren unglücklichen Wohltäter sehr schlau zur Heirat zu verleiten weiß.

Die oben genannte Übersetzung ist bei Wedekind und Schwieger, Berlin 1875, erschienen.

X.

Es ist eigentümlich zu sehen, wie ein so ausgesprochener Realist wie Wilkie Collins, welcher mit so staunenswertem Polizeigenie den nächtlichen Pfaden des Verbrechers nachspürt, auf der anderen Seite wiederum sich mit solcher Vorliebe in die Nebelzone des Spiritismus verlieren kann. Das Schlimmste ist, dass sich der Leser nicht klar wird, ob der Verfasser selber an Hellseherei, zweites Gesicht, Bedeutsamkeit der Träume und leibhaftige Geistererscheinungen glaube. Oft können wir darüber kaum im Zweifel sein (z. B. Im „Traumweib", „Am Nordpol"), manchmal wieder lässt er seinen Helden den Aberglauben überwinden (Armadale). Wenn wir annehmen müssten, dass er ein überzeugter Spiritist sei, welcher durch seine Romane sein Evangelium predigen wolle, so würden wir diese Bücher von einem ganz anderen Gesichtspunkte aus betrachten oder dieselben überhaupt der Lektüre nicht für wert halten. So aber können wir uns der leidigen Überzeugung nicht verschließen, dass der Autor mit allen diesen Dingen nur spiele, dass er vielleicht selbst darüber lache, aber sie doch aus Spekulation auf die Geheimnis- und Gruselsucht eines großen Teils seines Publikums mit der feierlichen Grimasse eines modernen Hexenmeisters vorführe. Bei meiner aufrichtigen Hochschätzung der großartigen künstlerischen Eigenschaften Collins' hat mich dieser Verdacht schmerzlich berührt und ich glaubte meinen Zweifel am besten lösen zu können, indem ich den Autor selbst um Aufklärung über seinen Glauben in diesen Dingen bat. Hier seine Antwort:

„Ich glaube nicht, dass ein Mensch auf Erden die neueste Entwicklung menschlicher Dummheit in ihrer plumpsten Form, Spiritismus genannt, so herzlich verachtet wir ich. Aber jener höhere Glaube, welcher mit der Hoffnung auf Unsterblichkeit eng verbunden ist, beeinflusst meine Phantasie ganz gewaltig – und das treibt mich dazu, über solche Gegenstände zu schreiben. In meinen kühleren Augenblicken, wenn Glaube und Unglaube sich die Waage halten, sage ich mit unserm großen Doktor Johnson in Raffelas: Ich will mich nicht unterfangen, das Wiedererscheinen Verstorbener zu bestreiten, entgegen dem übereinstimmenden, unveränderlichen Zeugnis aller Zeiten und Nationen. Es gibt kein Volk, sei es roh oder gebildet, bei welchem nicht Erscheinungen von Toten erzählt und geglaubt würden. Ein solcher Glaube, welcher herrscht, soweit das Menschengeschlecht verbreitet ist, konnte nur durch seine Wahrheit allgemein werden: Menschen, die nie voneinander gehört haben, würden nicht alle dasselbe Märchen erfunden haben, wenn nicht Erfahrung es glaublich gemacht hätte."

Diese Erklärung reinigt in der Tat den verehrten Meister von jedem niedrigen Verdacht, beweist aber an und für sich nichts anderes, als dass Collins' phantastische Neigung begierig nach jeder scheinbar rationellen Begründung ihrer Ausschweifungen greift und dass die nationale englische Erziehung zum positiven Christentum, welche den Wunderglauben als conditio sine qua non erfordert, auch über ihn, der sonst über so vielen nationalen Vorurteilen hocherhaben ist, ihren Einfluss bewahrt hat. Der Beweis des großen Doktor Johnson vom Wiedererscheinen Verstorbener steht auf demselben schwachen Grunde wie jener bekannte Beweis vom Dasein Gottes „durch Majoritätsbeschluss", wie man ihn nennen könnte. Die Zahl der unsinnigen, abergläubischen Anschauungen, welche sich bei fast allen Völkern finden, ist eine außerordentlich große und darunter befinden sich doch wohl recht viele Dinge, welche auch Dr. Johnson trotz des consensus omnium nicht für bewiesen gehalten hätte. In Deutschland ist die Einsicht über die geringe Beweiskraft solcher universeller Glaubensartikel längst durchgedrungen, in England freilich darf selbst ein Gelehrter wie Max Müller noch nicht wagen, die Richtigkeit derselben in Fragen der Religion zu behaupten, sondern muss, um den britischen Löwen nicht zu reizen, jene Fragen mit sophistischen Glacéhandschuhen anfassen!

Eins der schlimmsten Beispiele dieser Verirrung der Einbildungskraft gibt uns der Roman „Zwei Schicksalswege" (Two Destinies), in welchem Collins die Swebenborg'sche Theorie von der prästabilisierten Harmonie zweier Geister, d.h. Die vorausbestimmte Zusammengehörigkeit zweier Menschenseelen, welche trotz aller trennenden Schicksalsfügungen sich immer wieder finden müssen, durch eine wunderbare Geschichte in die Wirklichkeit überträgt, deren einzelne Gruselszenen nach Analogie von – wie es heißt – beglaubigten Anekdoten aus Robert Dale Owens „Fußstapfen in den Grenzen einer anderen Welt" gebildet sind. Die Zumutungen, welche in dieser phantastischen Erzählung selbst einem zum Spiritismus neigenden Verstande gemacht werden, sind so exorbitant, dass der Verfasser damit weit über sein Ziel hinausschießt und statt des beabsichtigten angenehmen Schauergefühles nur lächelndes Kopfschütteln erregt. Man denke sich: Der erscheinende Geist ist nicht nur so körperlich, dass er den Geisterseher berührt und mit ihm spricht, sondern er schreibt sogar mit einem wirklichen Bleistift eine leserliche Handschrift, welche auch für andere sichtbar ist. Schließlich versteigt sich die Phantasie des Autors sogar so weit, dass sie die Tochter des Geistes als strahlenden Wegweiser Hunderte von Meilen weit vor dem hellsichtigen Helden herschweben lässt, um ihn dem körperlichen Selbst der Mutter zuzuführen. Es verlohnt sich nicht, den Gang der Handlung wieder zu erzählen, da bei Personen, welche so ganz ein Spielball geheimnisvoller Mächte sind, von einem psychologischen Interesse nicht die Rede sein kann. Wir würden vielleicht ein pathologisches Interesse an ihnen nehmen, wenn, wie gesagt, die Phantasie des Erzählers uns nicht so weit über die Grenzen des Vorstellbaren hinausführte. An der Existenz des zweiten Gesichts, an dem oft wunderbaren Eintreffen von Ahnungen und dergleichen ist allerdings schmerzlich zu zweifeln, und die durch solche Gaben, oder soll man sagen Leiden, ausgezeichneten Personen verdienen, wenn ein Künstler dergleichen darzustellen versucht, gewiss eine ernstliche Beachtung. Aber schriftstellernde Geister von der Art, wie uns einer in den zwei Schicksalswegen vorgestellt wird, sind mir selbst in den Sitzungsberichten spiritistischer Vereine noch nicht aufgestoßen. Um all das Grauen noch zu vermehren, führt Collins noch eine mysteriöse Dame ein, welche Katzen zur Harfe tanzen lässt und welche hinter ihrem undurchdringlichen Schleier ein Gesicht verbirgt, dessen entsetzliche Verunstaltung sich auszumalen er der Phantasie des nervenschwachen Lesers anheimstellt. Leider fehlt in diesem Roman auch der sonst so glückliche Humor und es ist nichts darin, was man mit wirklichem Behagen lesen kann, als die Schilderung der Kinderliebe der beiden füreinander bestimmten Geister.

Der Roman ist in zwei Bänden in recht mäßiger Übersetzung bei Otto Janke (Berlin 1878) erschienen.

Das nächste Werk „The Fallen Leaves" (Welke Blätter) ist von allen Tendenzromanen Wilkie Collins' der unverhüllteste. Er stellt eine scharfe, packende Fastenpredigt gegen die offenkundige und doch schweigend geduldete moralische Verrottung sozialer Zustände dar, welche sich leider nicht nur in England nachweisen lassen dürften. Als lichtes Gegenbild zu diesem düsteren Gemälde heimischer Verhältnisse stellt Collins die Lehren und das Leben eines kleinen amerikanischen, christlich-sozialen Gemeinwesens hin. Diese Christlich-Sozialen haben freilich mit denen unseres Stöcker und Genossen wenig Ähnlichkeit. Ihr Gesetzbuch ist das Neue Testament, insofern es die reinen Grundlehren des Christentums enthält; ihr Sozialismus gibt sich kund in gemeinsamer ehrlicher Arbeit zum allgemeinen Vorteile. Ein in dieser Gemeinde aufgewachsener junger Engländer kehrt zu einem längeren Aufenthalte in sein Mutterland zurück und empfängt natürlich die betrübendsten Eindrücke von der dort herrschenden Falschheit, Heuchelei, Selbstsucht und Gefühlsarmut. Er verlobt sich Hals über Kopf mit einem höchst wohlerzogenen Mädchen, der Nichte eines schurkischen Geschäftsmannes, an welchem hauptsächlich der demoralisierende Einfluss modernen Kulturlebens und insbesondere englischer Vorurteile nachgewiesen wird.

Der arglose, impetuöse Amerikaner sieht sich bald über die Leidenschaft seiner Erkorenen schmerzlich getäuscht. Sie ist einer solchen in seinem Sinne gar nicht fähig, sondern hängt mit allen Fasern ihres Herzens an den anerzogenen Äußerlichkeiten und Vorurteilen, welche auch die Ehe mehr als Geschäfts- denn als Herzensangelegenheit aufzufassen gewohnt sind. Der junge Goldenheart, dies ist der bezeichnende Name des Helden, wird aus dieser unglücklichen Lage, in welche ihn seine unbedachte Verlobung gebracht, durch eine neue Liebe herausgerissen, und zwar eine langsam, aber stetig sich entwickelnde Liebe zu einem, von ihm auf der Straße aufgelesenen Mädchen, deren Beschützer, Lehrmeister und endlich Gatte er wird. Dies Mädchen ist natürlich – anders geht es bei Collins schon nicht – ein von jenem schurkischen Geschäftsmann Farnaby geraubtes und nach allen möglichen verwickelten Zwischenfällen von Goldenheart als Farnabys Tochter erkanntes Kind.

Der Roman ist, wie er vorliegt, nur ein erster Teil, dessen Fortsetzung uns Collins noch schuldig ist. Wir können also noch nicht wissen, wie er sich mit seinem Rousseauismus abzufinden und ob er den christlichen Sozialismus etwa als geeignete Lösung der sozialen Frage aufzustellen gedenkt.

Dass das englische Publikum über diesen Roman, welcher ihm gar bittere Wahrheiten sagt, mehr oder weniger entrüstet ist, versteht sich von selbst. Der Autor will den zweiten Teil erst folgen lassen, wenn mithilfe einer billigen Ausgabe die in dem ersten aufgeworfenen Fragen das Interesse weiterer Kreise seiner Landsleute rege gemacht haben. Ich überhebe mich der Notwendigkeit, näher in die Tendenz dieses höchst interessanten Werkes und besonders in die Anklagen, welche er gegen die bestehende öffentliche und private englische Moral schleudert, einzugehen, durch vollständige Anführung der großen Rede, welche Goldenheart bei einem Londoner Meeting hält.

Ich muss gestehen, dass mir in dieser Rede mancher Passus, besonders der über die Wirksamkeit des Parlaments, nur zu gut auch auf deutsche Verhältnisse zu passen scheint. Im Übrigen möge sich der Leser seine eigene Meinung bilden.

Amelius persönliches Erscheinen überraschte das Auditorium außerordentlich. Das Publikum ist es im allgemeinen nicht gewöhnt, in einem Vortragenden einen jungen und hübschen Mann zu erwarten. Nach einem Augenblicke des Stillschweigens brach ein plötzlicher Applaus los.

Er erneuerte sich, als Amelius ein kleines Buch vor sich hinlegte und seine Absicht ankündigte, frei vorzutragen. Die Abwesenheit des unvermeidlichen Manuskripts stimmte das Publikum von vornherein günstig.

Der Redner des Abends begann:

„Meine Damen und Herren! Denkende Menschen, die es gewöhnt sind, die Zeichen der Zeit in ihrer Heimat und den übrigen Ländern Europas zu beobachten, stimmen, soviel ich weiß, in der Ansicht überein, dass höchstwahrscheinlich in den gegenwärtigen Formen der Regierung und der bestehenden Gesellschaftsorganisation wichtige Veränderungen Platz greifen werden, bevor unser Jahrhundert zu Ende gegangen ist. In dürren Worten: Die nächste Revolution ist nicht so unwahrscheinlich und nicht so fern, als es den höheren und reicheren Klassen der europäischen Bevölkerung anzunehmen beliebt. Ich gehöre zu denen, die annehmen, dass die kommende Umwälzung diesmal den Charakter einer sozialen Revolution tragen wird, und dass der Mann an ihrer Spitze kein Militär oder Politiker sein wird, - sondern ein großer Bürger, der aus dem Volke hervorgegangen und mit Herz und Seele der Sache des Volkes ergeben ist. Bei den mir heute Abend gesteckten Grenzen kann ich zu Ihnen unmöglich von der Regierungs- und Gesellschaftsform bei anderen Nationen reden, selbst wenn ich die erforderlichen Kenntnisse und Erfahrungen besäße, um mich an einen so umfassenden Gegenstand zu wagen. Ich kann jetzt weiter nichts tun, als zu zeigen, erstens, welche Ursachen einer Veränderung in den sozialen und politischen Verhältnissen den Weg bahnen, und zweitens, dass das einzig vernünftige Heilmittel für bestehende Missbräuche in dem System zu finden ist, dass der christliche Sozialismus aus dem kleinen Buche hier vor mir auf dem Tische abgeleitet, - dem Buche, welches Sie alle unter dem Namen des Neuen Testamentes kennen. Ehe ich jedoch auf mein Thema eingehe, fühle ich mich verpflichtet, einige einleitende Worte darüber zu sagen, wieso ich mich berufen fühle, zu Ihnen zu sprechen. Ich spreche sehr ungern von mir selbst, doch die Lage, in der ich mich befinde, zwingt mich dazu. Ich bin Ihnen allen völlig fremd und noch sehr jung. Gestatten Sie mir deshalb, kurz zu erzählen, wie mein Leben verlaufen ist und wo ich erzogen bin – und dann entscheiden Sie selbst, ob ich Ihre Aufmerksamkeit verdiene oder nicht."

„Eine sehr hübsche Einleitung", bemerkte der Schuhmacher.

„Ein reizender Junge", sagte das Frauenzimmer mit dem roten Gesicht. „Ich möcht' ihn gleich küssen."

„Er ist viel zu höflich", murrte Frau Sowler. „Ich wünschte, ich hätte meine Sixpence wieder in der Tasche."

„Lass ihm nur Zeit", flüsterte Jervy, „er wird schon warm werden. Ich sage dir, Phoebe, der fängt nicht an, wie einer, der stecken bleibt. Ich glaube nicht, dass wir heute viel zu lachen kriegen."

„Ein bewundernswerter Redner!" sagte Frau Farnaby zu ihrem Gatten. „Denk nur, wie wär' es möglich, dass ein Mann, wie der, eine so dumme Gans wie Regina, heiraten sollte."

„Er ist dann immerhin noch besser daran", antwortete Herr Farnaby wütend, „als wenn er mit einem Frauenzimmer, wie du bist, verheiratet wäre!"

Inzwischen hatte Amelius seine Verwandtschaft mit dem Publikum als Engländer betont und sein Leben in Tadmor in den bemerkenswertesten Punkten kurz geschildert. Darauf stellte er die Frage, ob man ihn anhören wolle. Sein Freimut und seine Frische hatten die Versammlung schon gewonnen, ein allgemeiner Beifallssturm war die Antwort.

„Nun gut, so will ich fortfahren", begann Amelius von Neuem. „Werfen wir zunächst einen Blick – an weiterem verhindert uns die Kürze der Zeit – auf den gegenwärtigen Zustand unseres religiösen Systems. Wie sieht das Ding, das man Christentum nennt, im heutigen England aus? Wir sehen hundert verschiedene Sekten, die sämtlich voneinander abweichen. Die Landeskirche steckt nach jeder Richtung in unaufhörlichen Streitereien. - Dispute, ob die Röcke schwarz oder weiß sein sollen, ob Kerzen auf der Tafel stehen dürfen oder nicht, ob man sich nach Osten oder nach Westen verbeugen soll, ob diese oder jene Lehre die respektabelsten Stützen und das meiste Geld hat, die Lehre in meiner Kirche, oder die Lehre in deiner Kirche, oder die Lehre in der Kirche über der Straße. Blicken Sie von diesen zahlreichen und unaufhörlichen Quengeleien bei Unteroffizieren und Gemeinen auch den höheren Regionen hinauf, wo die höchstverehrungswürdigen Repräsentanten der Staatsreligion auf gesonderten Stühlen sitzen. Sind das Christen? Wenn sie es sind, so zeigt mir den Bischof, der sein Christentum im Hause des Lords zu vertreten wagt, wenn das Ministerium des Tages zufällig sein Heil in einem neuen Kriege sieht! Wo ist der Bischof und wie viel Anhänger hat er in seinem eigenen Stande? Missfällt es Ihnen, dass ich eine so heftige Sprache führe, eine Sprache, die ich nicht rechtfertigen könne? Urteilen Sie unparteiisch und entscheiden Sie dann. Das Christentum des neuen Testaments macht die Menschen wahr, human, sanftmütig, bescheiden, streng gewissenhaft und streng rücksichtsvoll im Verkehr mit ihren Mitmenschen. Bringt das Christentum der Kirchen und Sekten ähnliche Resultate unter uns zuwege? Blickt auf die Industrie des Landes, auf die Beschäftigung, der sich die überwiegende Mehrzahl der Engländer aller Stände widmet, auf unseren Handel! Welches sind die sozialen Ansichten, nach dem Maßstabe der Moralität des Buches in meiner Hand? Lasst die organisierten Systeme des Betruges, die sich unter der Maske von Banken und Gesellschaften verbergen, diese Fragen beantworten – ich brauche die Antwort nicht zu geben. Sie wissen, welch respektable Namen Jahr für Jahr mit der schamlosesten Fälschung von Büchern in Verbindung gebracht werden – kennen den erbarmungslosen Ruin von Tausend und Abertausend Schlachtopfern. Sie wissen, dass unser armer, indischer Abnehmer als Kattun einen Fetzen Zeug erhält, der in Stücke zerfällt, wie der ehrliche Wilde als Waffe ein Gewehr erhält, das ihm in der Hand zerspringt, wie das halbverhungerte Nähmädchen mit der aufgedruckten Nummer der Yards beim Ankauf ihres Zwirnes betrogen wird, wissen endlich, dass auf den europäischen Märkten fremde Waren sehr bald die unserige vom Platze drängt, weil die fremde Ware solider ist, und schließlich wissen Sie – und das ist das Schlimmste von allem, dass diese grausamen und niederträchtigen Betrügereien nebst vielen anderen von den höchsten Autoritäten des Handelsstandes als „Formen der Konkurrenz" und erlaubte Vorteile im Handelsgeschäfte betrachtet werden.

Glauben Sie an eine ehrenhafte Anhäufung von Reichtümern bei Leuten, die solchen Ansichten huldigen und solche Betrügereien stetig ausüben? Ich nicht. Und finden wir ein helleres und reineres Bild, wenn wir von denen, die uns im großen Maßstabe betrügen, auf jene blicken, die es im Kleinen tun? Nein! Alles, was wir essen, trinken und auf dem Leibe tragen ist mehr oder weniger gefälscht, und diese Fälschung verkauft uns der Kaufmann zu unsinnig hohen Preisen, dass wir gezwungen sind, uns nach sozialistischen Prinzipien zu schützen, indem wir Konsumvereine errichten. Lassen Sie mich ausreden, bevor Sie applaudieren. Missverstehen Sie den Zweck dieser Worte nicht und glauben Sie nicht, dass ich gegen die helleren Seiten des düsteren Gemäldes, das ich Ihnen entworfen habe, blind bin.

Innerhalb der Schranken des Privatlebens findet man, Gott sei Dank, noch gute Christen, Geistliche wie Laien, findet man Männer und Frauen, die im besten Sinne des Wortes Schüler Christi genannt zu werden verdienen. Doch ich habe an dieser Stelle mit dem Privatleben nichts zu tun – mich beschäftigt der öffentliche Zustand von Religion, Moral und Politik dieses Landes, und ich wiederhole es, derselbe bietet unseren Augen ein weites Feld von Missbrauch und Korruption und enthüllt eine hartnäckige, entsetzliche Unempfindlichkeit seitens der Nation gegenüber dem Schauspiel ihrer eigenen Entsittlichung und Schande."

Hier hielt Amelius inne und nahm den ersten Schluck Wasser.

Reservierte Sitze pflegen infolge einer sonderbaren Verwandtschaft bei öffentlichen Unterhaltungen auch von reservierten Leuten besetzt zu sein. Das auserwählte Publikum zunächst dem Redner bewahrte ein diskretes Stillschweigen. Doch der herzliche Beifall von den Sechspence-Plätzen entschädigte dafür reichlich. Diese Eröffnung des Angriffs enthielt genug von des Redners eigener Heftigkeit und Ungestüm – zumal seinen Worten eine unleugbare Wahrheit zu Grund lag, um energisch auf die Majorität der Zuhörer zu wirken. Frau Sowler kam zu der Ansicht, dass ihr Sechspence-Stück schließlich doch ganz gut angelegt war, und Frau Farnaby spitzte alle die scharfen Angriffe auf den Handel zu diskreten Beziehungen auf ihren Gatten zu, indem sie diesem jedes Mal mit dem Kopfe zunickte.

Amelius fuhr fort:

„Zunächst haben wir nun folgendes zu untersuchen: - kann unser gegenwärtiges Regierungssystem uns friedliche Mittel zur Abhilfe der eben von mir dargelegten Missstände an die Hand geben; nicht zu vergessen, dass andere kolossale Missbräuche, die mit der unerträglichen Höhe unseres Staatshaushaltsetats zusammenhängen, von Jahr zu Jahr wachsen? Wenn Sie es nicht durchaus verlangen, will ich unsere kostbare Zeit nicht damit vergeuden, dass ich über das Haus der Lords rede, und zwar aus drei ausreichenden Gründen. Erstens ist diese Körperschaft nicht vom Volke erwählt und hat deshalb in einem wirklich freien Lande nicht die geringste Existenzberechtigung. Zweitens haben von seinen 485 Mitgliedern nicht weniger als 187 direkten Vorteil von der Ausgabe öffentlicher Gelder, da sie unter diesem oder jenem Titel mit mehr als einer halben Million Pfund auf dem Jahresetat stehen. Drittens hat, wenn das Haus der Gemeinen den Willen und die Fähigkeit besitzt, die nötigen Reformen einzuleiten, das Haus der Lords keine andere Alternative, als zu folgen, oder die Revolution wachzurufen, der es vor 40 Jahren nur um eines Haares Breite entschlüpfte. Was meinen Sie? Sollen wir unsere Zeit mit Betrachtungen über das Haus der Lords verschwenden?"

Laute Rufe von den Sechspence-Bänken antworteten Nein! - am lautesten schrieen der Stallknecht und das Frauenzimmer mit dem feuerroten Gesicht. Hier und dort ließen einige dissertierende Individuen ein schüchternes Zischen hören, an der Spitze Jervy im Interesse von Altar und Thron.

Amelius fuhr fort:

„Wird uns denn nun das Haus der Gemeinen auf gesetzmäßigem und vernünftigem Wege der Reform zu einem reineren Christentum und einer billigeren Regierung helfen? Ich erinnere Sie noch einmal daran, dass diese Versammlung das Recht hat – wenn sie den Willen hat. Ist sie nun gegenwärtig so zusammengesetzt, dass sie den Willen hat? Das ist die Frage! Die Zahl der Mitglieder beträgt etwas über 650. Davon vertritt – oder behauptet zu vertreten – nur ein Fünftel die Interessen des Handelsstandes. Die Mitglieder, welchen die Vertretung der Interessen der arbeitenden Klassen obliegt, sind noch viel leichter zu zählen – es sind gerade zwei! Aber ums Himmels willen, werden Sie fragen, welche Interessen vertritt denn die Majorität der Mitglieder dieser Versammlung? Darauf gibt es nur eine Antwort: - das militärische und aristokratische Interesse. In diesen Tagen des Verfalls der repräsentativen Verfassungen ist das Haus der Gemeinen ein vollkommener Widersinn geworden. Die Gemeinen sind überhaupt nicht vertreten, die gegenwärtigen Mitglieder gehören Gesellschaftsklassen an, die nicht das geringste Interesse daran haben, für die Bedürfnisse des Volkes zu sorgen und die Bürden des Volkes zu erleichtern. Mit einem Worte, wir haben vom Hause der Gemeinen gar nichts zu hoffen. Und wessen Fehler ist das? Ich sage es mit Scham und Kummer – es ist durchaus der Fehler des Volkes. Ja, ich sage es Ihnen ganz offen, es ist Englands Schmach und Gefahr, dass das Volk selbst diese repräsentative Versammlung erwählt, welche die Bedürfnisse des Volkes ignoriert. Man hat euch Wählern in Stadt und Land jede denkbare Freiheit und Ermutigung für Ausübung eures heiligsten Rechtes gewährt – und das gegenwärtige Haus der Gemeinen ist der Beweis, dass ihr dessen vollständig unwürdig seid."

Diese kühnen Worte veranlassten das Auditorium zu einem Ausbruch des Unwillens, welcher für den Augenblick die Stimme des Redners übertönte. Sie waren darauf vorbereitet, mit unerschöpflicher Geduld die Aufzählung ihrer Tugenden und des ihnen widerfahrenen Unrechts anzuhören – hatten aber nicht sechs Pence bezahlt, um über die klägliche und verächtliche Rolle informiert zu werden, die sie in der modernen Politik spielten. Sie schrieen, grölten und zischten – und fühlten, dass sie ihr hübscher, junger Vorleser beleidigt hatte.

Amelius wartete ruhig, bis sich der Sturm gelegt hatte.

„Es tut mir leid, dass ich Sie gegen mich erzürnt habe", sagte er lächelnd. „Der Tadel für diese kleine Unterbrechung bleibt auf den öffentlichen Redner sitzen, die sich vor Ihnen fürchten und Ihnen schmeicheln – namentlich, wenn Sie zu den arbeitenden Klassen gehören. Sie sind nicht gewohnt, dass man Ihnen die Wahrheit ins Gesicht sagt. Ja, meine lieben Freunde, die Leute in England, die des großen Vorrechtes, welches die weise und großmütige englische Verfassung in ihre Hände legt, unwürdig sind, sind so zahlreich, dass man sie in verschiedene Klassen einteilen kann. Da ist eine hochgebildete Klasse, die an der Besserung verzweifelt und sich beiseite hält. Dann kommt die nächste Klasse, die ohne Selbstachtung und Vaterlandssinn, indirekt durch eine Anstellung, einen Pachtkontrakt, ja selbst durch eine Einladung zu einer Gesellschaft in einem vornehmen Hause, welche auf Frauen und Töchter ausgedehnt ist, eingefangen werden kann. Und dann kommt die dritte und noch tiefer stehende Klasse – käuflich, verderbt, schamlos bis ins Mark der Knochen – welche sich und ihre Freiheit für Geld und einen Schluck Brandy verkauft. Als ich im Beginn meiner Rede von bevorstehenden Umgestaltungen sprach, prophezeite ich, dass dieselben revolutionärer Natur sein würden. Bin ich ein Ruhestörer? Verkenne ich in ungerechter Weise die Fähigkeit zu friedlichen Reformen, welche das moderne England bisher vor Revolutionen bewahrt hat?

Gott verhüte, dass ich die Wahrheit verleugne oder Sie ohne Not beunruhigen sollte. Doch die Geschichte erzählte mir – und ich brauche nicht weiter zurückzugehen als bis zur ersten Französischen Revolution – dass es eine soziale und politische Verderbtheit gibt, die in einer Nation so weit- und tief greifende Wurzeln schlägt, dass sie nur durch eine revolutionäre Umwälzung ausgerissen und beseitigt werden kann. Und ich für meine Person fürchte (und ältere und erfahrene Männer sind derselben Ansicht), dass die Verderbtheit, die ich in dieser kurzen Rede eben nur andeuten konnte, in England ebenso wie im ganzen übrigen Europa weit über die Grenzen der gesetzlichen und unblutigen Reformen hinausgreift, die uns in früheren Jahren so gute Dienste leisteten. Mag ich mich nun in dieser Ansicht irren (und das hoffe ich von Herzen) oder mag dieselbe von den Ereignissen der Zukunft bestätigt werden, in beiden Fällen kann das Heilmittel, der einzig sichere Grund, auf dem eine dauernde, vollständige und würdige Reform aufgebaut werden kann, mag sie nun eine Umwälzung verhindern oder ihr folgen – nur in den Spalten dieses Buches gefunden werden. Lassen Sie sich um Himmelswillen nicht von den kurzsichtigen Philosophen überreden, welche versichern, dass die göttliche Tugend des Christentums zu denen gehört, die sich im Verlaufe der Zeit abnützen. Der Missbrauch, die Verderbnis des Christentums nützen sich ab – wie sich alle Falschheit, alle Betrügerei abnützen sollen und müssen. Seit Christus und seine Apostel den Menschen zuerst den Weg zu einem glücklicheren und besseren Dasein zeigten, haben sich die Völker niemals in einer härteren Notwendigkeit befunden, zu seinen Lehren in ihrer ursprünglichen Reinheit und Einfachheit zurückzukehren, als eben jetzt. Sicher war es niemals mehr als in dieser kritischen Zeit, eben sowohl das Interesse als die Pflicht der Menschheit, dem Geschrei falscher Lehrer ein taubes Ohr zu leihen und auf jene allweise und allerbarmende Stimme zu hören, die erst dann aufhörte, die Menschen zu erheben, zu trösten und zu reinigen, als sie unter den Qualen der Kreuzigung in Finsternis erlosch. Sind das ungestüme Worte eines Enthusiasten? Ist dies der Traum eines irdischen Paradieses, an welches zu glauben helle Narrheit wäre? Ich kann Ihnen von einer Gemeinde (es gibt deren mehrere) erzählen, die mehrere Hundert Personen zählt und welche Glück und Gedeihen gefunden hat, indem sie die ganze geheimnisvolle Kunst des Regierens auf den einfachen Spruch des Neuen Testaments stellte: „Fürchte Gott und liebe deinen Nächsten wie dich selbst."

Das tendenziöse Interesse steht natürlich sehr im Vordergrund, dennoch aber hat Collins es wohl verstanden, auch hier wieder sorgsam durchgeführte, packende Charaktergemälde zu liefern. Der junge Goldenheart und sein amerikanischer Freund Rufus sind höchst sympathische Figuren. Simple Sally, die unglückliche Tochter der Straße, ist mit ihrer rührenden Hundeliebe à la Käthchen von Heilbronn eine wirklich poetische Gestalt. Frau Farnaby, eine bizarre Charakterstudie, und selbst das typische Monstrum, ihr Gemahl, ist noch mit dem Collins fast nie verlassenden künstlerischen Takte ausgeführt. Einige höchst realistische Typen aus der Verbrecherwelt und die komische Figur eines französischen Dieners vervollständigen das farben- und gestaltenreiche Gemälde. Man darf auf die Fortsetzung dieses Werkes gespannt sein, da, wie gesagt, erst sie zeigen wird, ob der Autor imstande ist, die schwerwiegenden Fragen, welche er aufwirft, befriedigend zu lösen. Es wird schwer sein. Wünschen wir, dass es ihm gelinge.

Der Roman „Jezebels Daughter" bildet eine Mittelgattung zwischen Sensations- und Charakterroman. Mehr noch als in den unmittelbar vorhergehenden und demnächst folgenden Werke „The Black Robe" ist in dem vorliegenden das Bestreben des Autors, mit dem größten Fleiß zu motivieren und zu charakterisieren, sichtbar. Dennoch aber müssen wir ihn wegen der ganz abnormen Figuren, welche in ihm auftreten, und wegen der ebenso abnormen, aufregenden Handlung entschieden zu den Sensationsromanen rechnen.

Die Hauptperson ist eigentlich nicht die Tochter Jezebels, sondern Jezebel selbst, die Gattin eines in Würzburg verstorbenen Professors der Chemie, namens Fontaine, deren eigenartige Schönheit und hochfahrendes Wesen ihr jenen Spitznamen eingetragen haben. Ihr Gatte hat sich in seinen letzten Lebensjahren mit dem Versuch beschäftigt, die berüchtigten Borgia-Gifte wieder herzustellen. Es gelang ihm nicht nur dies, sondern auch die Bereitung entsprechender Gegengifte. Auf die herrschsüchtige Natur seiner Gattin macht der Gedanke, durch diese Gifte, welche keine durch chemische Analyse erkennbaren Spuren ihrer Wirkung zurücklassen, souverän über das Leben ihrer Mitmenschen gebieten zu können, einen solchen Eindruck, dass sie die betreffenden Flaschen heimlich beiseiteschafft. Eben so stark wie ihre Sehnsucht nach Gewalt, unumschränkter Freiheit ihres Handelns, Luxus und vornehmem Leben ist aber auch ihre Liebe zu ihrer einzigen Tochter, der durchaus harmlosen, anmutigen Minna. Der Kampf zwischen diesen beiden Hauptregungen ihres Herzens bildet den psychologischen Inhalt des Romans und ist von Collins mit großer Feinheit der Beobachtung höchst interessant dargestellt worden. Der aktuelle Inhalt ist zu kompliziert, als dass man ihn kurz wiedergeben könnte. Die Reihe von Verbrechen, welche die Witwe Fontaine begeht, und welche damit endigen, dass sie selbst ein Opfer jener Borgiagifte wird, ist eine Folge des Versuchs, ihrem geliebten Kinde den Mann seiner Wahl trotz aller Hindernisse zu verschaffen. Dieser ist nämlich der Sohn eines reichen Handelsherren, Keller, in Frankfurt am Main, welcher von einer Verbindung mit der Tochter einer übel beleumundeten Frau durchaus nichts wissen soll. Frau Fontaine zieht mit ihrer Tochter nach Frankfurt, macht Kellers Partner, Engelmann, in sich verliebt und erlangt dadurch Zutritt im Hause der Beiden. Da aber Keller weder ihr eine Unterredung gewährt, noch ihre Briefe beachtet, bringt sie ihm heimlich eines ihrer Gifte bei und installiert sich dann im Hause, nachdem die Ärzte ihn aufgegeben haben, als Krankenpflegerin und heilt ihn vermittelst ihres Gegengiftes. Seiner Lebensretterin kann Keller natürlich nichts abschlagen, und die Hochzeit wird anberaumt. Der Tag wird jedoch durch allerlei Umstände hinausgeschoben und in der Zwischenzeit muss Frau Fontaine eine drückende pekuniäre Verbindlichkeit lösen, oder vor dem Schwiegervater ihrer Tochter als Schwindlerin sich darstellen. Die Angst, dass dadurch das Glück ihrer Tochter dennoch vereitelt werden könnte, und die rasende Wut gegen die Personen, welche sich ihren Plänen hindernd in den Weg stellen, führen sie zu weiteren Experimenten mit ihren Giften, welche jedoch durch Verwechslung von Flaschen und allerlei Umstände, wie sie eben nur Collins so geschickt und überraschend herbeizuführen weiß, vereitelt werden. Mit das Stärkste, was Collins an gruseligen Situationseffekten geleistet hat, ist die Szene im Frankfurter Leichenhause.

Die in dieser Szene von den Toten auferstehende Dame ist Frau Wagner, der Chef des Londoner Handlungshauses, von welchem das Frankfurter Hause Keller und Engelmann abgezweigt ist. Diese Dame spielt eine hervorragende Rolle im Roman und ihr energischer, durch und durch tüchtiger und liebenswürdiger Charakter bildet einen vortrefflichen Gegensatz zu dem dämonischen der Giftmischerin Fontaine und ist von Collins mit besonderer Liebe geschildert. Außer anderen Plänen ihres verstorbenen Mannes hat Frau Wagner auch zur Ausführung zu bringen versucht, Irrsinnige durch Liebe und Vertrauen, statt durch Prügel und die Zwangsjacke zu heilen. Ein Tobsüchtiger aus Bedlam, der berühmten englischen Irrenanstalt, dient ihr zum Versuchsobjekt und es gelingt ihr, durch ungemein kluge Behandlung ihm eine rührende Anhänglichkeit an ihre Person einzuflößen und überhaupt ihn zu einem leidlich brauchbaren Menschen zu machen. Der Roman spielt in den ersten Dezennien dieses Jahrhunderts – daher die energische Polemik gegen die unmenschliche Behandlung der Irren, welche jetzt wohl überall abgestellt ist. Pathologische Spezialitäten interessieren, wie wir gesehen haben, Collins ganz ungemein. Der gezeichnete Tobsüchtige aus Bedlam, Jack Straw, ist auch wieder ein solch wunderliches menschliches Fragezeichen und die kurze Widmung des Autors an einen italienischen Freund spricht es ausdrücklich aus, mit welcher Vorliebe er diese Figur zu zeichnen versuchte. Bei Collins intimer Freundschaft mit hervorragenden Ärzten, wie Carr Beard, ist wohl anzunehmen, dass Jack Straw, so wie er dargestellt ist, möglich sei, trotzdem macht er aber vielfach einen durchaus unwirklichen Eindruck, als ob er nur das Geschöpf der Laune seines eigensinnigen Erfinders sei. Interessant ist aber die Figur immerhin, ja selbst poetisch, und zwar nicht nur, wenn die Phantasie des Verfassers etwas romantisch schwärmt. Sogar zu einer Ballade hat sich Collins in Jezebels Daughter aufgeschwungen, die gar nicht so übel ist – besonders mit Rücksicht darauf, dass sie einem betrunkenen Nachtwächter in den Mund gelegt wird.

Die Darstellungsweise ist, zum Glück für das Buch, nicht ganz so knapp und telegraphisch wie in so vielen der letzten Werke. Die Exposition ist übrigens etwas breit und nicht so unmittelbar auf den Kern der Handlung zielend, wie dies sonst immer bei Collins der Fall ist. Er täuschte sich, wenn er erwartete, dass der Leser sich für Jack Straw eben so interessieren werde, als für Madame Jezebel – welche wohl eine seiner am besten charakterisiertesten und effektvollsten Figuren genannt werden darf. Der Roman liest sich übrigens gerade so, wie ein modernes französisches Sensationsstück und meine früher aufgestellte Parallele zwischen Sardou und Collins dürfte man besonders nach der Lektüre dieses Buches wohl für zutreffend erklären.

Was wir schon von der „Neuen Magdalene" sagten, gilt auch von „The Black Robe" (Der schwarze Rock). Auch hierin finden wir das ernste Bestreben des Autors, an die Stelle des rein stofflich Spannenden das Interesse für seelische Probleme zu setzen. Aber auch hier, und zwar in erhöhtem Maße, wirkt die aktenmäßige Darstellungsmanier erkältend auf die Mitempfindung des Lesers.

Es handelt sich, wie schon der Titel andeutet, um eine Jesuitenintrige. Der Erbe eines großen, früher der Kirche gehörenden Besitzes, soll zum Katholizismus bekehrt und zur Herausgabe seines Eigentums an die Kirche bewogen werden. Nachdem seine Heirat vorläufig die Intrigen zerstört, gilt es, das Band der Ehe durch Verdächtigung der Frau zu zerreißen. Die meisterhaft geführte Intrige glückt vollkommen. Der Konvertit lässt Frau und Vermögen im Stich und ist auf bestem Wege, hohe geistliche Ehren zu erringen. Da wirft ihn eine schwere Krankheit aufs Sterbebett, und als er jetzt erst erfährt, dass ihm nach der Trennung ein Sohn geboren und seine Frau durchaus unschuldig gewesen sei, triumphiert die rein menschliche Liebe über die künstlich erregte religiöse Begeisterung und er vernichtet das Testament, welches die Kirche zu seiner Erbin einsetzte.

In diesem Roman ist die Führung der Intrige wieder so meisterhaft gehandhabt, wie das eben nur Collins und wenige andere können. In der Hauptsache dagegen, in der psychologischen Entwicklung findet sich doch einiges Anfechtbare. Romayne, das Objekt der Intrige, ist zwar durch seine krankhafte Seelenangst – er hat einen Menschen im Duell getötet – wohl vorbereitet für geistliche Experimente, dennoch aber glauben wir es nicht recht, dass ein Gelehrter wie er, welcher ein Werk über den Ursprung der Religion schreibt, durch ein paar katholische Bücher und die warme Begeisterung eines jungen Priesters bekehrt werden sollte. Es ist ja möglich, aber die flüchtige Darstellungsart überzeugt uns eben nicht von der Möglichkeit. Collins ist kein spekulativer Geist. Es ist daher nicht zu verwundern, dass seine Kraft an dieser Aufgabe gescheitert ist. An der weiblichen Hauptfigur, Romaynes Gattin Stella, vermissen wir auch etwas – eben das je ne sais quoi, welches uns eine dichterische Person erst lebendig vor Augen führt. Ausgezeichnet ist dagegen die Figur des Jesuiten Benwell. Das ist nichts weniger als der konventionelle Sensations-Jesuit und wer Collins so nichtachtend zu den Sensationalisten wirft, der sehe sich diesen Pater Benwell einmal genauer an und er wird doch wohl zugeben müssen, dass nur ein fein denkender Kopf eine so abgebrauchte Marionette so individuell gestalten kann. Ein prächtiger Typus der frivolen, unverwüstlichen Weltdame ist Stellas Mutter, die mit ihrer geläufigen Zunge doch manchmal ganz hübsche Wahrheiten sagt. Übrigens dürfte es nicht viel deutsche Autoren geben, welche das Small Talk so ungezwungen schreiben können, als es hier Collins getan hat. Der liebenswürdigste Mensch des Romans ist Mr. Winterfield, ein Hundefreund nach dem Herzen Schwartenmaiers. Einen Charakter wie den des jungen schwärmerischen Jesuiten Penrose zu schildern liegt etwas außerhalb des Collinsschen Könnens; aber wie fein gedacht ist diese Konstatierung des Jesuiten Benwell und dieses warmherzigen, grundehrlichen Penrose, welchem wahrlich ein Unstern zum schwarzen Rock verhalf.

XI.

„Herz Königin" (The Queen of Hearts) ist ein Pendant zu „In der Dämmerstunde". Eine Sammlung von zehn bereits früher mehrfach verwendeten Erzählungen, welche durch eine Rahmenerzählung zu einem Dekameron zusammengefasst sind. Der Verfasser bezeichnet dieselben in seiner Dedikation an den französischen Kritiker Emile Forgues selbst als Studien und als solche fassen wir sie auch nur auf. Die meisten derselben sind nur abenteuerliche Anekdoten. Einige derselben nehmen wieder „die Nachtseiten der Natur" zum Vorwurf. In den Erzählungen „Das Traumweib" und „Der tolle Monkton" ist dieses besonders der Fall. In der ersteren werden Traum und Wirklichkeit in einer Weise vermengt, die uns zwar während des Lesens zu spannen vermag, nachher aber doch nur ein ungläubiges Lächeln erregt. In der letzteren bringt eine grauenhafte Familienprophezeiung den letzten Sprössling des betreffenden Hauses zum Wahnsinn und erfüllt sich auf die unerhörteste Weise. Die Schilderung der abergläubischen Angst des armen Monkton ist packend und wahr, das Ganze aber so sehr auf gruseligen Nervenreiz angelegt, dass man sich unmöglich daran erinnern kann. Die Geschichte erinnert in der Darstellung an E.T.A. Hoffmann. Die anderen sind bloße Geheimnis-, Intrigen- und Abenteuergeschichten ohne besonders charakteristische Eigenschaften, außer etwa, dass sie alle gut und spannend erzählt sind. Eine tiefere Wirkung, wie etwa die Geschichte „Gabriels Hochzeit", erreicht keine derselben.

Eine meisterhafte kleine Novelle ist „John Jagos Geist". Wieder eine Mordgeschichte, diesmal auf einer amerikanischen Farm spielend, musterhaft in der Komposition und der Charakteristik der wenigen Figuren. Die Geschichte ist in der ersten Person erzählt. Der Schreiber, ein englischer Advokat besucht das Haus eines Verwandten in Amerika, um sich dort in der Ruhe des Landlebens und der anderen Luft zu erholen. Er befindet sich in einem Familienkreise, wie er ungemütlicher kaum zu denken ist. Der alte Besitzer der Farm, der an seinen Krankenstuhl gefesselt die Wirtschaft seiner erwachsenen Söhne nicht kontrollieren kann, hat einen Oberaufseher angestellt, dessen Autorität den Söhnen höchst unangenehm ist und welcher durch die Herrschaft, die er auf den Vater ausübt und durch sein überlegenes, höhnisches Wesen ihren Groll bis zum tödlichsten Hass steigert. Die älteste Tochter, eine heuchlerisch fromme, spionierende, jeder Anmut entbehrende alte Jungfer trägt was in ihren Kräften steht dazu bei, um die Verhältnisse vollends ungemütlich zu machen, indem sie John Jagos, des Verwalters, Partei nimmt, weil sie sich Hoffnung macht, dieser werde sie heiraten. Die einzige lichte Figur in dem düsteren Hause ist die allerliebst gezeichnete Naomi, eine verwaiste junge Cousine, welche der alte Vater zu sich genommen hat und welche bereits halb und halb des älteren Sohnes, Ambrosius, Braut ist. Aber auch John Jago, ein unheimlicher Mensch, ist in Naomi rasend verliebt und gesteht ihr diese Liebe in einem nächtlichen Rendezvous ein. Dasselbe wird jedoch verraten und die beiden Brüder stellen ihn darüber in brutaler Weise zur Rede. John Jago kehrt von einem Gange, den er an jenem Tage zu machen hat, nicht wieder zurück. Sein spurloses Verschwinden lenkt den Verdacht des Mordes auf die beiden Brüder, und diese werden verhaftet, als man in einer Kalkgrube dem Vermissten angehörige Gegenstände auffindet. Die Gerichtsverhandlungen ergeben so viel Verdachtsmomente gegen die beiden Brüder, dass die Verurteilung unzweifelhaft scheint. Naomi aber glaubt fest an die Unschuld des Geliebten und erlässt einen Aufruf in den Zeitungen, um den verschollenen John Jago aufzufinden. Da legt der jüngere Bruder Silas das Geständnis ab, dass Ambrosius den Mord wirklich begangen habe. Naomi glaube aber auch jetzt noch an Ambrosius' frühere Erklärung des Vorgefallenen. Wenige Tage vor der Schlussverhandlung gibt Ambrosius selbst das Verbrechen zu und behauptet, um dem Tode durch Henkershand zu entgehen, er habe aus Notwehr gehandelt. Beide Brüder werden verurteilt. Da erscheint in der Nacht der leibhaftige John Jago unter Naomis Fenster und erklärt sich bereit, durch sein Erscheinen vor Gericht die Brüder zu retten, falls Naomi versprechen wolle, ihn dann zu heiraten. Durch die Geistesgegenwart des mutigen Mädchens und mithilfe des englischen Freundes wird John Jago dingfest gemacht. Naomi aber, welche nach der Erkenntnis der jämmerlichen Feigheit, welche beide Brüder durch ihre Geständnisse an den Tag gelegt, diese gründlich verachten gelernt hat, folgt dem liebenswürdigen Engländer als seine Gattin über das Meer.

Die kleine Erzählung ist durch die Knappheit des Vortrags, die sehr geschickt bewirkte Spannung und die dramatische Lebendigkeit der wenigen Szenen wirklich bewundernswert, um so mehr, als das Hauptinteresse nicht in dem Kriminalfall, sondern in der liebenswürdigen Figur der anmutigen Heldin ruht.

Das hübsche Büchlein ist deutsch bei Otto Janke (Berlin 1875) erschienen.

„In der Dämmerstunde" (After Dark) ist eine Sammlung von sechs bereits in Dickens Zeitschrift Household Words abgedruckten Erzählungen (mit Ausnahme derjenigen von Lady Glenwith Grange), welche durch eine Rahmenerzählung miteinander verbunden sind. Der Verfasser bemerkt in dem vorausgeschickten Vorworte, dass dieselben auf ihm von Freunden mitgeteilten, wahren Anekdoten beruhen. Dies hat natürlich auf den literarischen Wert derselben keinen Einfluss; wenn sie nicht wahr wären, so wären sie doch gut erfunden – und das kommt auf dasselbe heraus. Sie sind allesamt ganz schlicht erzählt, wie es sich gebührt, gemäß der durch den Rahmen gegebenen Voraussetzung, welche sie als die Aufzeichnungen eines reisenden Portraitmalers darstellt. Sie gehören zu dem besten, was Wilkie Collins in diesem kleinen Genre geschaffen hat. Einige davon haben nur ein anekdotenhaftes Interesse, andere wirken durch die frappierende Merkwürdigkeit ihres Inhalts und die Schlichtheit des Vortrags geradezu ergreifend. Zu den ersteren gehören die Erzählung von dem entsetzlichen fremden Bett, welche die Erlebnisse eines jungen Engländers schildert, der in einer Pariser Spielhölle die Bank gesprengt hat und dann in dem Hause derselben auf eine raffinierte Weise umgebracht werden soll, und zwar indem der schwere Himmel seines Bettes durch eine geräuschlose Maschine langsam auf ihn herabgesenkt wird, um ihn zu erdrücken. Die entsetzliche Nacht ist mit unheimlicher Anschaulichkeit geschildert. Die zweite Geschichte handelt von den schlauen Kniffen eines Rechtsanwalts, durch welche er einen gestohlenen Brief dem Diebe ablistet; sie hat nur stoffliches Interesse. Die dritte, „Schwester Rose", spielt zur Zeit der Schreckensherrschaft in Paris und gewinnt durch diesen Hintergrund ein erhöhtes Interesse; auch sind die handelnden Personen charakteristisch genug, um den Leser zu fesseln und die Kunst des Erzählers zu zeigen. „Lady Glenwith Grange" ist die Geschichte eines kühnen Betrügers, welchem ein Mädchen aus vornehmer Familie zum Opfer fällt. Die selbstlose, feinfühlige Schwester dieses Mädchens ist die beste Gestalt dieser Erzählung. Die beiden letzten Nummern sind die hervorragendsten der Sammlung. Die Erzählung „Gabriels Hochzeit" spielt zur Zeit der grausamen Verfolgung der gläubigen Bretonen zur Zeit der Einsetzung der Göttin der Vernunft. Das Verbrechen eines armen Fischers, die Folgen desselben für seine Familie, die Schatten, die es in das glückliche Liebesverhältnis seines ältesten Sohnes zu einem braven Fischermädchen wirft und die Sühne desselben durch das tot geglaubte Opfer, sowie die Buße, welche der Verbrecher dadurch ausübt, dass er alle die zertrümmerten Kreuze in der Gegend wieder aufrichtet, wirken spannend und ergreifend. Es ist dies vielleicht die beste kleine Erzählung von Wilkie Collins. Die letzte sehr wunderbare, spannende und trefflich erzählte Geschichte von „Der gelben Maske", enthält die Intrige eines italienischen Priesters, um das große Vermögen eines jungen Mannes, welches dessen Vorfahren in den italienischen Bürgerkriegen auf Kosten der Kirche erworben haben, dieser wieder zuzuführen. Sämtliche Figuren derselben sind sorgfältig gezeichnet und aufs Glücklichste gelungen, so besonders die des Priesters Rocco, welcher durchaus nicht etwa ein gewissenloser Bösewicht ist, sondern vielmehr ein Mann, der die Pflichten seines Standes mit wirklicher Hingabe erfüllt und vollkommen selbstlos in der Überzeugung der Heiligkeit seines Zweckes mit dem erfinderischsten Raffinement an dessen Erreichung arbeitet. Als seine betrügerischen Manipulationen ans Tageslicht kommen, stellt er sich sofort seiner geistlichen Behörde, und lässt sich ohne Murren als Missionar in ein ungesundes tropisches Klima schicken. - In allen diesen Erzählungen ist kein überflüssiges Wort verschwendet. Die Ereignisse ziehen sozusagen taktmäßig an uns vorüber. Schatten und Licht sind, wie in einer gut gemalten Vedute künstlerisch verteilt. Die Lösung überall durchaus natürlich und befriedigend, sodass wir alle diese kleinen Geschichten wohl als Muster ihrer Gattung hinstellen dürfen.

Die Übersetzung (Otto Janke, Berlin 1874) wimmelt leider von Fehlern und ist höchst dilettantisch und ungeschickt in der Diktion.

Es ist ein äußerst seltenes literarisches Ereignis, dass ein Schriftsteller, welcher die größte Zeit eines langen Lebens hindurch ein scharf begrenztes Genre kultiviert und dadurch einen Weltruf errungen hat, in seinen alten Tagen sich auf ein ihm bisher fremdes Gebiet wagt und diesen gefährlichen Schritt mit glücklichstem Erfolg tut. Wilkie Collins, welcher, nachdem Dumas' und Eugen Sues Ruhm verblasst ist, der ganzen Welt als Meister des anständigen literaturwürdigen Sensationsromans gilt, schreibt in seinem achtundfünfzigsten Lebensjahr einen neuen großen Roman, welcher lediglich durch seine Tendenz und durch die Detailarbeit fesseln soll! In einem Briefe, den er mir Ende vorigen Jahres schrieb, beklagt er sich bitter darüber, dass Vielschreiber ohne künstlerischen Ernst seinen Stil nachahmten und dadurch denselben gemein, die ganze Gattung des sogenannten Sensationsromans aber anrüchig machten.

Seine unerschöpfliche Phantasie, sein großartiges Kompositionstalent mussten ihn allerdings auf jenes Gebiet hindrängen, auf welchem es für ihn am leichtesten war, Lorbeeren zu erringen. In seinem 1883 erschienenen Werke „Heart and Science" hat er jedoch gezeigt, dass seine Kraft durchaus ausreichend sei für einen Charakter- und Tendenzroman ersten Ranges. In seiner neuen Art rangiert dieses Werk gleich hinter „The Woman in White" und neben „Poor Miss Finch" und „Hide and Seek".

Der Inhalt ist kurz folgender: Ähnlich wie in G. Kellers „Sinngedicht" beschließt ein junger Mediziner, Ovid Vere, der sich bereits einen gewissen Namen in der wissenschaftlichen Welt gemacht und sich arg überarbeitet hat, seine Studien längere Zeit ganz an den Nagel zu hängen und durch vollständiges Nichtstun und Reisen seine Nerven wieder zu kräftigen. Am Abend vor seiner Abreise sieht er zum ersten Mal seine Cousine, die höchst anziehende Tochter eines in Italien verstorbenen Oheims, und verliebt sich so in sie, dass er vorläufig seine Reise aufschiebt. Diese Cousine, Carmina, ist Universalerbin ihres sehr reichen Vaters und Ovids Mutter ist zu ihrer Vormünderin eingesetzt. Ein Passus des Testamentes besagt, dass dieselbe, falls Carmina unverheiratet stirbt, den größten Teil ihres Vermögens erhalten solle. Ovids Mutter ist einerseits eine Gelehrte, welche sich mit Professoren der Physiologie in öffentliche Diskussionen einlässt und durch wissenschaftliche Kaulquappenbehandlung künstliche Frösche zu erzeugen bestrebt ist, andererseits aber sich darauf kapriziert, es ihrer vornehm verheirateten Schwester im Luxus gleich oder womöglich zuvorzutun und deshalb aus einer Geldverlegenheit in die andere gerät. Die Klausel des Testamentes ihres Bruders eröffnet ihr nun die Aussicht auf Befreiung von allen diesen Sorgen, wenn es ihr gelingt, die Heirat ihrer Nichte zu verhindern und sie selbst womöglich bald unter die Erde zu bringen. Sie veranlasst zunächst Carmina, ihren Einfluss auf Ovid dazu zu benutzen, diesen zu einer Reise nach Kanada zu bewegen, und benutzt dann die Abwesenheit des Sohnes in der allergewissenlosesten Weise zu unaufhörlichen Quälereien, welche die arme Carmina schließlich fast um den Verstand bringen und ihr Leben ernstlich gefährden. Ovid kommt gerade noch rechtzeitig zurück, um Carminas Gehirnleiden durch eine ganz neue, ihm in Kanada durch einen Zufall aufgegangenen Methode der Behandlung zu retten und dem verderblichen Einfluss seiner Mutter für immer zu entziehen. - Das ist im allgemeinen der tatsächliche Inhalt des Romans. Die Tendenz desselben ist ein energischer Protest gegen die Überhebung der modernen Naturwissenschaft. Ovids Mutter ist vielleicht in ihren physiologischen Bestrebungen bezüglich der künstlichen Kaulquappenentwicklung stark karikiert, aber ihr Charakter ist vortrefflich durchgeführt und ihre Gemütsverrohung bei und wegen all der Gelehrsamkeit ist überzeugend motiviert. Ihre beiden Töchterchen aus der zweiten Ehe mit einem nichtssagenden, aber äußerst guten Manne, werden von Kindesbeinen an wissenschaftlich genudelt, was denn bei der älteren auch die erstrebte Herzensverfettung erzeugt und sie zu einem unausstehlichen modernen Musterkind ohne eine Spur von Naivität macht, während die jüngere, Zoe, in ihren dummen Kopf absolut nichts hineinbringt, aber sich gemütlich nur um so besser befindet und schließlich auch durch ihren glücklichen Gedanken, heimlich an Ovid zu schreiben, die Wendung zum guten Ende herbeiführt. Psychologisch am interessantesten ist die Figur der Gouvernante Miss Minerva, welche eine unglückliche Neigung für Ovid hegt und, von wahnsinnigem Hass und Neid erfüllt, zunächst eine Bundesgenossin der

der niederträchtigen Tante wird, allmählich aber durch Carminas alles besiegende, duldende Liebenswürdigkeit gänzlich umgewandelt und deren treueste Freundin wird. Das langsame Auftauen dieser im eisigen Hauche des Unglücks, der Pedanterie, des Neides und anderer böser Leidenschaften fast gänzlich verwelkten Seele im warmen Sonnenstrahle reinen Mädchentums, ist mit einer Sorgfalt der Motivierung und Feinheit psychologischer Beobachtung beschrieben, welche des größten Künstlers würdig sind. Eine andere ungemein charakteristische Figur, welche vielleicht in der Erinnerung der Leser sich ebenso festsetzen wird, wie einst der Graf Fosco aus der „Frau in Weiß", ist der einsiedlerische Physiologe Benjulia, welcher auf dem Wege der Vivisektion demselben System in der Behandlung von Gehirnkranken vergeblich nachspürt, welches Ovid durch einen Zufall findet. Benjulia ist einer jener auch bei uns zahlreich vertretenen Männer der „reinen Wissenschaft", welche offen zugeben, dass ihnen die leidende Menschheit ebenso gleichgültig sei, wie die Folterqualen, welche sie ihren Versuchstieren auferlegen, dass die wissenschaftliche Erkenntnis, die Forschung Selbstzweck und diesem alle Mittel heilig sein müssten. Er ist es, welcher an Carminas Krankenlager gerufen, absichtlich nichts zur Hebung ihrer Verstandesstörung tut, um nur den „interessanten Fall" in Ruhe studieren zu können. Auch die weniger hervortretenden Figuren, der herzensgute Gemahl en titre, Mr. Gallilee, die italienische Amme Carminas, welche ihren Liebling mit Nägeln und Zähnen zu verteidigen bereit ist, und der Klavierlehrer Le Franc, welchen die kluge Herrin des Hauses zu ihrem Helfershelfer zu machen weiß – alles das sind ungemein lebenswahre Figuren. In die aufregende, peinigende Haupthandlung fallen vielfach Lichtstrahlen jenes glücklichen Humors, welcher auch Collins' verzwickte Mordgeschichten hoch über ihres Gleichen in Deutschland hebt. Sprache und Stil sind durchweg charakteristisch und sorgfältig gefeilt. Man braucht nicht zu leugnen, dass der Tendenz zu Liebe manches übertrieben sein mag: Eine solche Übertreibung muss ja notwendig immer entstehen, wo der Künstler für seinen Zweck eine Anzahl von Figuren vereinigt, natürlich von möglichst frappanter Physiognomie, welche im wirklichen Leben doch nur zerstreut vorkommen. Der Humorist hat gleichfalls das Recht, zu übertreiben, ein Recht, wovon z. B. Dickens reichlich Gebrauch gemacht hat, - nur muss dabei die poetische Objektivität, das künstlerische Maß bewahrt bleiben; und dies ist in „Heart and Science" durchaus der Fall. Das Buch ist das Werk eines reifen Geistes, welchem ein echt künstlerisches Bewusstsein Flügel lieh. Es wird von den Leihbibliotheksabonnenten nicht verschlungen werden, wie „der Mondstein" z. B., aber es wird Wilkie Collins einen neuen, vornehmeren Leserkreis zuführen, welcher bislang vielleicht geringschätzig auf den Kriminalisten herabgesehen hat.

Welch ein starkes Talent, das im Herbst des Lebens sich auf neue Bahnen begibt, ohne zu straucheln, vielmehr mit sicherer Berechnung seiner Kraft sein neues, höher gestecktes Ziel erreicht!

XII.

Während die ersten Bogen dieser Arbeit sich schon im Druck befanden, erschien wieder ein neuer Roman des rastlosen Meisters: „I Say No." (In zwei Bänden, schon bei Tauchnitz herausgekommen.) Ich wollte, ich hätte ihn ein paar Wochen später zu Gesicht bekommen, denn ich kann leider nicht viel Rühmens davon machen und muss ihn für das schwächste Werk aus Collins reifer Periode erklären.

Eine Tochter sucht den Mörder ihres Vaters zu entdecken, es stellt sich jedoch heraus, dass er durch Selbstmord umgekommen ist, und dass nur die feige Flucht eines zufälligen Zeugen jener Tat und die Beraubung der Leiche durch eine dritte Person jenen Verdacht veranlassten. Auch dieser Roman wird den gewöhnlichen Durchschnittsleser unterhalten und spannend reizen; künstlerisch betrachtet, ist er ganz verfehlt, weil man auf Schritt und Tritt, hinter jedem Wort, jeder unbedeutenden Handlung die Absicht des Verfassers merkt. Es ist, wie wenn man sich ein Zauberstück von dem Hintergrund der Bühne aus ansähe – Illusionen sind unmöglich. Die Leute reden und tun fast nirgends, was ihnen zu tun unter den Umständen natürlich wäre, sondern nur das, was der Verfasser für den Fortschritt der Handlung braucht. Einige gelungene Szenen und Charakterzüge vermögen für jene gar zu auffälligen, verstimmenden Mängel nicht zu entschädigen. Collins ist uns noch die versprochene Fortsetzung von „Welke Blätter" schuldig. Wenn es ihm gelänge, das in jenem bedeutenden Werke angeschlagene Thema in einem zweiten Romane praktisch und logisch zugleich zu erschöpfen und auf die aufgeworfenen religiösen und sozialen Fragen die rechte, mannhafte Antwort zu finden, so würde das die ruhmvolle Krönung des stattlichen Baues sein, an dem sein reicher Geist nun schon über vierzig Jahre tätig ist. „Ich sage Nein!" werden wir ihm dann gern vergeben und vergessen.

Wilkie Collins ist auch als Dramatiker in die Öffentlichkeit getreten, hat aber in dieser Eigenschaft das Schicksal so mancher hervorragender Novellisten geteilt und wenig Anerkennung gefunden. Ob mit Recht oder Unrecht, kann ich nicht entscheiden, da seine dramatischen Werke mir nicht bekannt geworden sind. Den größten Erfolg hatte wohl das Drama in drei Akten, „The Frozen Deep" (deutsch würde man es „Im Eismeer" nennen müssen), welches zunächst 1857 von Charles Dickens und seiner Familie, den Brüdern Collins und einigen Fremden in Dickens' Hause aufgeführt wurde, dann auf speziellen Wunsch der Königin vor dem ganzen Hofe und schließlich auch öffentlich in London und in der Provinz, wobei jedoch die Damenrollen von Schauspielerinnen dargestellt wurden. Dickens kreierte die Hauptrolle und entfesselte überall Stürme der Begeisterung. Der Verfasser selbst spielte den Frank Aldersley. Das Stück ist grausig und ergreifend zugleich und die Mitwirkung eines Dickens, dessen Vorlesungen ja schon die Hörer so gewaltig packten, muss den Hauptszenen zu erschütternder Wirkung verholfen haben. Übrigens wurde die sonderbare Gastspielreise berühmter Novellisten zum Besten der Hinterbliebenen Douglas Jerrolds, des bekannten Verfassers von „Frau Kaudels Gardinenpredigten" unternommen, welcher gleichfalls mit Collins wie Dickens sehr befreundet gewesen war. Die späteren öffentlichen Aufführungen, ohne die Mitwirkung der genialen Dilettanten, scheinen keinen nachhaltigen Erfolg gehabt zu haben. Im Jahre 1873-74 unternahm Collins eine Reise nach Amerika, wo ihm eine begeisterte Aufnahme zuteilwurde und wo er, Dickens nachahmend, öffentliche Vorlesungen seiner Werke veranstaltete, womit er gleichfalls größten Beifall fand. Für diesen Zweck hatte er „The Frozen Deep" wieder zur Novelle umgeschrieben und in dieser Form bringt es die Tauchnitz-Edition in Band 1455, zusammen mit dem „Traumweib" und „John Jagos Geist", welche beiden Werke gleichfalls Gegenstand jener Vorlesungen waren.

Die Aufführung des Schauspiels „Rang und Reichtum", welche vor einigen Jahren im Adelphi-Theater in London erfolgte, gestaltete sich zu einem argen Theaterskandal. Das Stück wollte dem Geschmack des Publikums nicht behagen. Drei Akte davon hörte es ruhig und mit achtungsvollem Beifall an, im vierten aber erhob es, wahrscheinlich weil es sich selbst angegriffen fühlte, ein so gewaltiges Pfeifen und Zischen, dass der Dialog auf der Bühne unverständlich wurde und einer der Schauspieler, ein Mr. Anson, eine Ansprache an das Publikum hielt, welche mit diesen Worten schloss: „Denken Sie, was Sie wollen von dem Stück, es ist auf alle Fälle das Werk eines großen Romandichters. Ich sage, er ist ein großer Romandichter! Und nun wende ich mich an diejenigen, welche lachten oder zischten. Wenn der Vorhang gefallen ist, mögen Sie zischen und lachen, soviel es Ihnen beliebt, aber lassen Sie das Stück seinen Fortgang nehmen. In diesem Augenblick liegt eine Dame hinter diesem Vorhang tatsächlich in einer Ohnmacht infolge dieser feigherzigen Angriffe. Noch einmal, wollen Sie das Stück bis zum Ende hören? Ich beschwöre Sie um Gerechtigkeit gegen einen großen Meister – Mr. Wilkie Collins." Diese eindringliche Mahnung hatte zur Folge, dass das Stück ohne weitere Störung zu Ende gespielt werden konnte. Am Schluss befand sich das Publikum sogar in so guter Laune, dass es nach dem Verfasser rief; derselbe hatte aber bereits in Schmerz und Groll das Haus verlassen. Trotz dieses unzweideutigen Misserfolges erlebte das Stück hernach eine ganze Reihe von Aufführungen.

Ich würde dieses Vorfalles gar nicht gedenken, wenn er nicht bedeutsam wäre für die Erkenntnis des gewaltigen Unterschiedes zwischen allgemein dichterischer und speziell dramatischer Begabung. Einigen unserer hervorragendsten Novellisten ist es nicht viel besser ergangen, wenngleich das deutsche Publikum seine Lieblinge doch nicht so leicht auspfeift, wenn sie sich auch auf der Bühne einmal etwas unglücklich bewegen. Einen theatralischen Erfolg zu erringen, muss für jeden Schriftsteller das höchste Ziel des Ehrgeizes sein. Kein Bucherfolg kann jenes unbeschreibliche Hochgefühl in der Brust eines Autors erwecken, wie die sichtbare, in lautem Beifall sich äußernde Wirkung seines Werkes von der Bühne herab. Und auf der anderen Seite ist auch nichts geeigneter, die Eitelkeit empfindlicher zu verletzen, das Selbstvertrauen gefährlicher zu erschüttern, als eine theatralische Niederlage. Starke Geister aber, wie Collins einer ist, wird solch ein Schicksal entweder über die Grenzen ihres Könnens belehren, oder es wird der schärfste Sporn zu erneuter Aufbietung aller ihrer Kräfte sein. So möge denn auch die abfällige Beurteilung, welche der letzte Roman „I Say no" leider verdient, und die schmerzliche Erfahrung im Adelphi-Theater unseren Meister veranlassen, seine ganze Energie, sein volles Können auf ein neues Werk zu verwenden, welches „Herz und Wissen" ebenbürtig sei – auf die Fortsetzung der „Welken Blätter".

Es wird immer von Nutzen sein, wenn man die literarischen Persönlichkeiten einer fremden Nation mit gleichwertigen der eigenen in Parade zu stellen versucht. Die Vergleichung mit dem Naheliegenden, Bekannten lehrt einen auch die fremdartigsten Erscheinungen des Auslandes leichter verstehen. Wenn man mich fragte, welchem deutschen Schriftsteller ich Wilkie Collins zum Vergleich an die Seite stellen möchte, so würde ich Spielhagen nennen. Freilich kann dieser sich nicht mit Collins messen in Bezug auf die phantastische und doch scheinbar völlig logische Verknüpfung seltsamer und erstaunlicher Ereignisse, aber das ist auch auf der anderen Seite seine Stärke gegenüber Collins, weil gerade dieses enorme Talent den Letzteren dazu getrieben hat, fast ausschließlich eine Gattung des Romans zu pflegen, welche mit den höchsten und reinsten Zwecken der Kunst nicht mehr viel zu tun hat. Dagegen haben beide Autoren große Ähnlichkeit in der Art und Weise, wie sie ihre Tendenz verfechten. Beide sind gute Psychologen und Realisten, aber nur so weit es ihre didaktischen Zwecke erlauben. Spielhagen verfährt dabei freilich meistens viel plumper als Collins, indem er seine Helden derartig mit allen Eigenschaften überhäuft, welche er gebraucht, um an ihnen sein Exempel zu statuieren, dass sie aufhören, glaubhafte Menschen zu sein. Seine Helden handeln so unheimlich konsequent, wie wenn sie mit dem Bewusstsein ihrer Bestimmung auf die Welt gekommen wären und ein von der Hand des Schicksals aufgestelltes Regulativ ihrer Aufführung in der Tasche trügen. Selbst in ihren Verirrungen hören sie nicht auf, Musterexemplare zu sein und drängen sich in oft recht unangenehmer Weise unserer Bewunderung auf. Es fehlen bei ihm meist die Mittelsmenschen, die Verbindungsglieder zwischen den Extremen: niederträchtig und engelsgleich, erzdumm und urklug, hochfliegend und kleinlich, kühn und feige usw. Seine psychologische Charakteristik übertreibt ebenso leicht, wie sein Humor karikiert. Von allen diesen Fehlern finden wir auch manches bei Collins, aber nicht so viel. Collins' Tendenz richtet sich stets gegen einen ganz bestimmten Missstand in der öffentlichen und privaten Moral seiner Landsleute, gegen bestimmte Gesetze, bestimmte Vorurteile und Anschauungen. Die Spielhagen'sche Tendenz ist immer eine allgemeine, ideale. Seine Reflexion ist dagegen meist tiefer, ernster, philosophischer als die Collins, seine Bildung solider, sein Streben bewusster. Dagegen haften seiner Vortragsweise noch so viele Manieren des verwünschten deutschen idealistischen Stiles an, sodass die Schönrednerei und das Phrasengeläute in manchem seiner Werke geradezu unerträglich werden. In dieser Beziehung ist ihm Collins weit überlegen und kommt dem Ideal des realistischen Stiles bedeutend näher, das er allerdings nur in den humoristischen Partien meist vollkommen erreicht. Wenn man viele Collinssche Romane hintereinander liest, so vermutet man in jedem unschuldigen Mitmenschen den Träger eines fürchterlichen Geheimnisses und man fängt unwillkürlich an, ihre Handlungen wie ein Polizeispion zu beaufsichtigen; liest man viel von Spielhagen, so möchte man vor Ärger des Teufels werden, weil sich in Hinterpommern und Umgegend alle großen Charaktere versammelt zu haben scheinen, während um uns herum vor lauter Mittelmäßigkeit keine Helden sichtbar sind. Außerdem macht uns Spielhagen gefährlich eitel und eingebildet, denn da wir uns unmöglich für so schlecht halten können, wie seine Bösewichter, so vergleichen wir uns selbstzufrieden mit seinen Halbgöttern. Zum Schlusse noch eine, und zwar die beste Ähnlichkeit: Beide Autoren singen das Hohelied der Tatkraft, beide beherrschen die Sympathien des Lesers und verstehen sein Interesse auf die Hauptsache zu konzentrieren.

Wilkie Collins hat dem Sensationsroman zu künstlerischer Würde verholfen und das Höchste in der Gattung geleistet, und er ist im Tendenzroman, und zwar mit eigenen Mitteln, dem dickensschen Muster nahe gekommen, und diese beiden Tatsachen werden einst genügen, ihm einen Ehrenplatz in der Geschichte der englischen Literatur anzuweisen.

Möge er diesen ersten Versuch, seine künstlerische Individualität kritisch zu erfassen und darzustellen, als einen Beweis dafür ansehen, wie freudig bereit wir Deutschen sind, auch dasjenige Fremde stets bewundernd anzuerkennen, welchem wir nichts vollkommen Ebenbürtiges an die Seite zu stellen haben.

www.ingramcontent.com/pod-product-compliance
Lightning Source LLC
Chambersburg PA
CBHW020357270326

41926CB00007B/470